책세상문고·고전의 세계

나는 고발한다
J'ACCUSE

책세상문고·고전의 세계

나는 고발한다
J'ACCUSE

에밀 졸라 지음

유기환 옮김

책세상

일러두기

1. 이 책은 에밀 졸라Emile Zola가 신문에 게재하거나 팸플릿으로 발표한 13편의 시론을 묶은 《멈추지 않는 진실La Vérité en marche》, 《전집Oeuvres complètes》, tome 14(Paris : Cercle du livre précieux, 1970)에서 〈브리송 씨에게 보내는 편지Lettre à M. Brisson〉와 〈상원에 보내는 편지Lettre au Sénat〉를 제외한 나머지 11편을 우리말로 옮긴 것이다.
2. 주는 후주로 처리했으며, 모두 옮긴이의 주이므로 따로 표시하지 않았다.
3. 주요 인명과 책명은 처음 한 번에 한해 원어를 병기했다.
4. 맞춤법과 외래어 표기는 1989년 3월 1일부터 시행된 〈한글 맞춤법 규정〉과 《문교부 편수자료》, 《표준국어대사전》(국립국어연구원, 1999)에 따랐다.

나는 고발한다 | 차례

들어가는 말 | 유기환 7

서문 15
쉐레르케스트네르 씨 21
조합 33
조서 47
청년들에게 보내는 편지 61
프랑스에게 보내는 편지 77
나는 고발한다! — 공화국 대통령 펠릭스 포르 씨에게 보내는 편지 97
배심원들을 향한 최후 진술 123
정의 141
제5막 161
알프레드 드레퓌스 부인에게 보내는 편지 179
공화국 대통령 에밀 루베 씨에게 보내는 편지 199

해제 — 드레퓌스 사건과 지식인의 양심 | 유기환 227
  1. 에밀 졸라 229
    (1) 졸라의 문화사적 좌표 229
    (2) 자연주의자 졸라 230
    (3) 시대의 증인 졸라 233
  2. 드레퓌스 사건 235
    (1) 드레퓌스 사건의 역사적 배경 236
    (2) 드레퓌스 사건의 진행 과정 238
        ㄱ. 드레퓌스 재판과 유죄 판결 239
        ㄴ. 피카르의 문제 제기 239
        ㄷ. 에스테라지 재판과 무죄 석방 240
        ㄹ. 졸라의 〈나는 고발한다!〉 241
        ㅁ. 드레퓌스 사건의 재심과 사면 242
        ㅂ. 드레퓌스의 완전한 복권 244

3. 드레퓌스 사건과 졸라 245
     (1) 〈나는 고발한다!〉 이전 246
     (2) 〈나는 고발한다!〉 247
     (3) 〈나는 고발한다!〉 이후 249
  4. 멈추지 않는 진실 251
     (1) 드레퓌스 사건의 역사적 의미 252
     (2) 졸라에게 보내는 경의 255

주 257
더 읽어야 할 자료들 268
옮긴이에 대하여 274

들어가는 말

1898년 1월 13일 〈나는 고발한다!J'accuse!〉를 발표한 에밀 졸라Emile Zola가 반드레퓌스파로부터 생명의 위협을 느낄 정도로 혹독한 공격을 받았을 때, '미국 문학의 아버지'라고 불리는 마크 트웨인Mark Twain은 1898년 1월 14일 〈뉴욕 헤럴드 트리뷴New York Herald Tribune〉을 통해 "일부 프랑스 군인 또는 성직자 같은 겁쟁이, 위선자, 아첨꾼은 매년 백만 명씩 태어난다. 그러나 잔 다르크나 졸라 같은 위인이 태어나는 데는 500년이 걸린다."라고 말했다. 이보다 더 명예로운 찬사가 또 어디에 있을까? 결론부터 말하자면, 원고지 80쪽에 불과한 〈나는 고발한다!〉는 졸라가 40년 동안 쓴 엄청난 분량의 글 못지않게 졸라를 위대한 지식인으로 만드는 데 기여한 것으로 보인다. 그렇다면 〈나는 고발한다!〉가 무엇이기에 졸라가 잔 다르크에 비견되는 것일까?

진실과 거짓의 공방전은 어느 시대에나, 어느 곳에서나 존재한다. 오늘날에도 세계 도처에 진실의 담지자를 자처하는 자들이 있고, 분야를 막론하고 좌파와 우파, 진보와 보수, 노장과 소장이 진실을 외치며 치열한 몸싸움을 벌인다. 그런데 이런 양보 없는 격돌의 와중에 정작 혼수상태에 빠지는 것은 진실 그 자체이다. 혼수상태에 빠진 진실을 되살리는 일이 문제가 될 때 늘 인용되는 사건이 바로 드레퓌스 사건L'affaire Dreyfus(1894~1906)이며, 드레퓌스 사건이 인용될 때 늘 등장하는 인물이 바로 에밀 졸라(1840~1902)이다. 졸라는 드레퓌스 사건을 '프랑스 질병의 전시장'이라고 부르며 탄식했다. 그러나 이 탄식이 탄식으로 끝나지 않은 것은 드레퓌스 사건이 질병뿐만 아니라 질병의 치유책까지 보여주었기 때문이다. 9.11 테러, 미중 무역 전쟁, 한일 역사 갈등 등 우리 시대 또한 온갖 질병으로 몸살을 앓고 있다. 구조적 모순이 진실을 압살하는 일이 계속되는 한, 〈나는 고발한다!〉는 지성인의 필독서로 남을 수밖에 없다.

드레퓌스 사건은 1894년부터 1906년까지 12년에 걸쳐 프랑스 국민을 좌우 대결의 소용돌이 속으로 몰아넣은 '사건 중의 사건[1]'이다. 드레퓌스 진영에는 주로 지식인, 학생, 공화주의자가 포진했고, 반드레퓌스 진영에는 주로 교회, 군부, 보수 왕당파가 섰다. 이 사건의 경과를 살펴본 사람이라면 누구나 이것이 과연 자유·평등·박애를 상징하는 삼색기의 나라 프랑스에서 벌어진 일인가 하고 경악하게 된다. 안보, 국익, 통치상의 기밀 등을 빌미로 행사하는 국가 폭력……. 반드레퓌스 진영이 진정으로 지키려 했던 것은 국가였을까, 국가 권력이었을까? 오늘날 이 질문에 답하기란 그리 어려운 일이 아니리라.

드레퓌스 사건이 발발한 이래 그에 대해 헤아릴 수 없이 많은 글들이 쏟아져 나왔는데, 사건의 의미에 관한 해석은 대략 두 가지로 압축할 수 있다. 하나는 서구 민주주의 문화라는 트랙에서의 해석이요, 다른 하나는 유태 민족의 운명이라는 트랙에서의 해석이다. 어떤 트랙에서의 성찰이든, 모름지기 드레퓌스 사건에 관한 성찰이 공통적으로 제기하는 화두는 '지식인Intellectuel', 좀 더 정확히 말하자면 '지식인의 행동과 책임'인 것처럼 보인다. 사실 좌파와 우파가 확연하게 구분되는 현대 프랑스 사회의 지식인 지도地圖 및 행동하지 않는 양심은 양심이 아니라는 명제로 요약되는 프랑스 사회의 지적 전통은 바로 이 드레퓌스 사건에서 비롯된 것이다.

드레퓌스 사건에서 지식인 졸라의 역할은 결정적이었다. 만일 1898년 1월 13일 프랑스 대통령에게 보내는 졸라의 공개서한 〈나는 고발한다!〉가 발표되지 않았더라면, 드레퓌스 사건의 진실은 빛을 보는 데 훨씬 더 오랜 시간이 걸렸을 것이다. 그것은 문자 그대로 폭발의 도화선이었다. 베르나르 라자르Bernard Lazare, 장 조레스Jean Jaurès 등 소장 지식인들이 역부족을 절감하고 있을 때, 세계적인 대문호 졸라가 〈나는 고발한다!〉라는 도발적이고 호전적인 글로써 국가권력에 직격탄을 날린 것이다. 〈나는 고발한다!〉 발표 한 달 후 졸라는 이렇게 말했다. "단언하건대 드레퓌스Alfred Dreyfus는 무죄이다. 나는 거기에 내 생명을 걸고, 내 명예를 걸겠다."[2] 그것은 빈말이 아니었다. 실제로 1902년 졸라의 돌연한 가스 중독사에 대해 제기되었던 암살설은 날이 갈수록 더 큰 설득력을 얻고 있는 것으로 보인다.[3] 그렇다면 에밀 졸라는 누구이고, 드레퓌스 사건은 무엇이며, 그는 이 사건에서 어떤 역할을 담당했는가? 대답은 이 책의 〈해제〉에 담겨 있으므로, 여기서는 졸라 저술 세계의 특징과 의미를 간략히 제시하는 데 만족하자.

대중적 성공에 비해 예술적 재능을 인정받지 못하던 졸라가 재조명되기 시작한 것은 소위 '68세대'로 불리는 젊은 연구자들이 등장하면서부터이다. 졸라를 정신분석학적 차원에서 접근한 장 보리Jean Borie, 철학적 차원에서 접근한 미셸 세르Michel Serres, 서사학적 차원에서 접근한 필립 아몽Philippe Hamon, 상징적 차원에서 접근한 오귀스트 드잘레Auguste Dezalay, 신화적 차원에서 접근한 로제 리폴Roger Ripoll 등의 활약으로 졸라 문학의 새로운 의미와 가치가 드러났다. 특히 미셸 푸코Michel Foucault가 광기와 비정상을 복권시킨 후 졸라는 이런 사유에 가장 알맞은 텍스트를 제공하는 소설가의 하나로 보였다. 졸라와 그의 저서에 관한 연구는 1968년 이후 가파른 상승세를 보이다가, 1993년 클로드 베리Claude Berri 감독의 영화 《제르미날*Germinal*》이 개봉되면서 그 절정에 이른다.

이처럼 졸라에 관한 연구가 일종의 유행처럼 번진 것은 우연 때문이 아니라, 졸라의 문학이 간직한 현대성 때문이다. 졸라의 현대성은 크게 세 가지로 요약할 수 있다. 첫째, 졸라는 등장인물personnage을 하나의 인간personne이 아니라 하나의 기능fonction으로 간주한 선구적 소설가이다. 따라서 서사학자들이 졸라의 문학에 지대한 관심을 보인 것은 당연했다. 둘째, 졸라의 문학은 돌과 나무로 이루어진 건축물이 철과 유리로 형성된 건축물로 바뀌는 서구 문명의 이행기를 적실하게 담아냈는데, 이것은 특히 미국 문화학자들의 학제적 연구를 활성화하는 결과를 낳았다. 셋째, 그의 《루공마카르*Les Rougon-Macquart*》 총서 중 마카르 계열의 작품들은 푸코, 들뢰즈Gilles Deleuze, 가타리Félix Guattari 등 현대 프랑스 지식인들을 사로잡은 신경증적 일탈을 중심 테마로 그려냈다. 졸라 문학에 대한 신화적·인류학적·정신분석학적 접근이 빈번해진 것은 이런 까닭이다.

졸라가 19세기와 20세기의 길목에 서서 사회 변화의 핵심을 정확하게 짚어낸 것은 문학에서뿐만이 아니었다. 드레퓌스 사건을 맞아 졸라가 쓴 일련의 시론은 프랑스 사회의 봉건적 보수성을 약화시키고 민주적 현대성을 강화하는 데 결정적인 기여를 했다. 특히 민주 항쟁 격문의 꽃으로 불리는 〈나는 고발한다!〉는 정치·사회·경제가 요동치는 격변의 시기에는 어디서나 빈번한 인용의 대상이 된다. 그것은 한국 사회에서도 마찬가지였다. 하지만 〈나는 고발한다!〉의 전문이 2005년에 이르기까지 우리말로 완역된 적이 없었다는 것은 놀랍기 그지없다. 흔히 지식인의 글은 군인의 총알 못지않게 강력한 무기로 간주된다. 이런 맥락에서 드레퓌스 사건 발발 111주년이었던 2005년, 〈나는 고발한다!〉를 우리말로 완역·출간한 것은 의무인 동시에 행복이었다.

졸라는 원래 드레퓌스 사건과 관련해 1897년 12월부터 1900년 12월까지 3년 동안 모두 13편의 글을 썼고, 1901년 그것들을 묶어 '멈추지 않는 진실La Vérité en marche'이라는 제목의 책으로 출간했다. 애당초 이 13편의 글을 모두 번역하고 싶었지만, 그 분량이 〈책세상 문고·고전의 세계〉 시리즈의 편집 기준량을 상회한 탓에 이 책에서는 아쉽게도 〈브리송 씨에게 보내는 편지Lettre à M. Brisson〉와 〈상원에 보내는 편지 Lettre au Sénat〉를 뺄 수밖에 없었다. 이 두 편의 글을 뺀 것은 《멈추지 않는 진실》의 전체적인 논지를 고려할 때 그 중요성이 상대적으로 떨어진다는 판단에 근거해서였다. 아무튼 이 책에 실린 11편의 글만으로도 졸라 주장의 요체와 드레퓌스 사건의 진상을 이해하는 데는 큰 문제가 없으리라고 여겨진다.

사법적 견지에서 볼 때, 드레퓌스 사건은 유명한 사면법의 적용을 통해 사건 당사자 그 누구도 처벌받지 않은 영구 미제 사건이다. 그렇다면 역사적 견지에서 보면 어떤가? 드레퓌스 사건에서 문제가 되었던 인종차별주의가 없어졌는가? 안보를 빌미로 한 국가폭력이 없어졌는가? 드레퓌스 사건이 발생한 지 125년이 지났다. 그럼에도 도처에서 조직을 살린다는 미명하에 양심을 파는 일이, 불의를 보고도 침묵하는 일이 비일비재하게 벌어진다. 어쩌면 인간이 집단을 이루고 사는 한, 드레퓌스 사건은 영원한 현재진행형일지도 모른다. 졸라의 말대로, 진실은 땅에 묻는다고 사라지는 게 아니다. 진실은 땅 밑에서도 외치고, 땅 밑에서도 자란다. 드레퓌스 사건은 땅 밑에서 자란 진실이 얼마나 큰 폭발력을 지니는지를 여실히 보여주었다. 진정한 작가는 기만과 협잡이 판치는 세계에서 "왕은 벌거벗고 있다!"라고 외치는 소년과 같다. 작가의 펜이 진실, 오직 진실만을 외칠 때, 그때 쉽사리 믿기 힘든 하나의 경구警句가 타당성을 획득한다. 펜은 칼보다 강하다!

옮긴이 유기환

서문

1897년 12월부터 1900년 12월까지 3년 동안 드레퓌스 사건에 대해 내가 썼던 몇 편의 글을 한 권의 책으로 묶는 것은 이 시점에서 매우 요긴한 작업으로 보인다. 한 작가가 그토록 심각하고 파장이 큰 사건에서 이런저런 판단을 내리고 맡은 바 책임을 다했을 때, 그에게 남은 신성한 의무는 자신이 행한 모든 역할과 후일 그를 심판할 기준이 될 모든 기록을 독자에게 공개하는 것이리라. 그래야만 오늘 당장 정의가 구현되지 않는다 하더라도 그는 향후 평화롭게 기다릴 수 있을 것이고, 내일의 세상은 좀더 많은 자료를 가지고 진실을 밝힐 수 있을 것이다.

  그렇지만 나는 이 책의 출판을 서두르지 않았음을 밝혀둔다. 무엇보다 먼저 나는 내 기록이 완전해지기를, 다시 말해서 '사건'의 한 단계가 분명히 끝나기를 기다렸다. 그리고 어쨌든 이 단계는 한시적일망정 결말을 의미하는 일전日前의 사면으로 종지부를 찍었다. 한편 나는 문인으로서, 장인匠人으로서 그 어떤 권익에도 집착하지 않았음에도 불구하고 사회적 투쟁의 문제를 통해 모종의 이득이나 명성을 얻으려 한다고 의심받았을 때 참으로 곤혹스러웠다. 나는 일체의 거래를 거부했었다. 다시 말해 나는 이 사건으로 소설도, 드라마도 쓰지 않았었다. 그런데 누가 나를 전 인류가 경악한 그토록 가슴 아픈 이야기를 이용해서 돈을 벌었다고 비난할 수 있단 말인가.

후일 나는 내가 기록해둔 노트를 가지고 두 권의 책을 쓰고 싶다. 우선 '법정 인상Impressions d'audiences'이라는 제목으로 나의 재판, 즉 파리와 베르사유 법정에서 내가 목격한 괴상망측한 일들과 기이한 인물들에 대해 이야기하고 싶다. 그러고 나서 '망명 시대Pages d'exil'라는 제목으로 11개월간의 영국 망명 생활, 즉 프랑스로부터 끔찍한 소식이 도착할 때마다 내 가슴에 울려 퍼진 비극적 메아리들, 조국에서 멀리 떨어진 채 절대적 고독 속에서 바라본 모든 사건과 모든 인물들에 대해 이야기하고 싶다. 그러나 현 단계에서 이것은 오로지 바람이요, 계획일 뿐이다. 나의 상황이나 나의 인생이 그 실현을 허락하지 않을 가능성은 얼마든지 있다.

그리고 미리 밝혀두고 싶은 것은 이 한 권의 책이 드레퓌스 사건의 역사를 겨냥하고 있지 않다는 사실이다. 나는 드레퓌스 사건의 역사란 여전히 열정이 앞서는 오늘 이 시점에서, 그것도 정히 필요한 자료 없이는 도저히 씌어질 수 없다고 생각한다. 잠시 뒤로 물러날 필요가 있으리라. 특히 관련 자료를 정말 사심 없이 검토할 필요가 있으리라. 지금 내 소망은 단지 후일의 자료 목록에 내 글을 덧보태는 것, 즉 내 증언을 남기는 것, 즉 사건의 한 모퉁이에서 행동하면서 내가 알게 된 것, 내가 보고 들은 것을 기록하는 것일 뿐이다.

진실이 완전히 밝혀질 때를 기다리면서, 오늘 나는 지금까지 발표한 시론들을 한 권의 책으로 묶는 데 만족하고자 한다. 나는 원문을 전혀 수정하지 않았다. 반복적으로 나오는 대목도 그대로 두었고, 흔히 열에 들떠 한 시간 만에 갈겨쓴 탓에 거칠기 짝이 없는 형식도 그대로 두었다. 다만 각 시론 제목의 이면裏面에 간단한 논평을 붙임으로써 그 시론을 쓰게 된 배경을 설명했고, 또 그럼으로써 시론들 사이에 일종의 연결 고리를 마련하고자 했다. '사건'이 중요한 고비를 맞을 때마다 쓴 그 시론들은 연대에 따라 순서가 정해졌는데, 간간이 시론들 사이에 보이는 기나긴 침묵에도 불구하고 그 전체는 일관된 논리를 갖추고 있다.

거듭 말하건대, 이 책은 드레퓌스 사건 관련 자료의 일부일 뿐이요, 내가 집요하게 역사에, 내일의 심판에 맡기고자 한 내 행동의 증언록일 뿐이다.

에밀 졸라

파리, 1901년 2월 1일

쉐레르케스트네르 씨

이 글은 1897년 11월 25일 〈르 피가로Le Figaro〉에 실렸다.[4]

1894년 드레퓌스 사건이 시작되었을 때 나는 로마에 있었고, 거기서 귀국한 것은 그 해 12월 15일이었다. 물론 로마에서 나는 프랑스 신문을 읽을 기회가 거의 없었다. 따라서 나는 이 사건에 대해 오래도록 정보도 없었고, 관심도 없었다. 내가 이 사건에 몰입하기 시작한 것은 1897년 11월, 즉 내가 시골에서 돌아오면서부터인데, 이때 나는 이미 여러 정황을 통해 진실에 대한 움직일 수 없는 확신, 절대적 확신을 갖고 있었다. 독자는 이 최초의 글에서 내가 무엇보다 전업 작가로서의 호기심 때문에 이 드라마에 빠져들었다는 사실을 확인할 수 있으리라. 그런데 이후 신기하게도, 혹은 당연하게도 연민, 신념, 그리고 진실과 정의를 향한 열정이 내게 물밀듯 밀려왔다.

이 얼마나 흥미진진한 드라마이며, 이 얼마나 기막힌 등장인물들인가! 삶이 우리 눈앞에 펼치는 너무도 비극적인 이 이야기 앞에서 소설가로서의 내 가슴은 주체할 수 없는 열정으로 두근거리고 있다. 나는 정녕 이보다 더 고도로 심리적인 사건을 알지 못한다.

'사건' 자체에 대해 이야기하는 것은 나의 의도가 아니다. 여러 정황이 나로 하여금 사건을 탐구하게 하고 하나의 공식 의견을 가지게 했을지라도, 조사가 진행 중이고 재판이 열릴 테니 정직한 시민으로서 할 일은 가만히 결과를 기다리는 것이리라. 그토록 분명하고 그토록 단순한 사건을 가증스러운 상호 비방으로 흐려놓는 것은 정말 금물이다.

나는 지나가는 행인일 뿐이지만 그래도 삶에 대해서는 늘 눈을 열어두고 있다. 오늘부터 나는 등장인물들을 주시하고자 한다. 3년 전의 죄인과 오늘의 피고는 내게 몹시 중요해 보인다. 그리고 만일 재판이 제 역할을 못한다면, 그렇다면 드라마의 제3의 중심인물, 즉 고발자가 정직한 시민들의 목소리를 경청하며 행동에 나서야 하리라.

다음은 내가 고발자 쉐레르케스트네르Auguste Scheurer-Kestner[5] 씨에게서 목격한 것, 그에 대해 생각하는 것, 그에 대해 주장하는 것이다. 언젠가 상황이 허락한다면, 나는 나머지 두 등장인물에 대해서도 이야기해볼 작정이다.

가장 맑고 가장 곧은, 한마디로 수정 같은 삶. 결함도 없고 약점도 없는 삶. 권력을 향한 야심 없이 한결같이 지속되는 정직한 의견, 고도의 정치적 수준을 보여주는 의견, 동료에 대한 존경이 전제된 의견.

  그는 몽상가도 아니요, 이상주의자도 아니다. 그는 실험실에서 연구에 몰두한 채 살아온 기업가, 좀더 정확히 말하자면 대규모 사업을 일상적으로 경영해야 하는 기업가이다.

  또한 그는 거부(巨富)이다. 부, 명예, 행복이 평생 일에 몰두한 그의 성실한 삶을 장식하고 있다. 그에게는 이런 기쁨, 이런 명성 속에서 품위 있게 죽는 것 외에 다른 바람이 없다.

  그는 그런 사람이다. 모두가 그를 알고 있으므로 아무도 내 말을 반박할 수 없으리라. 그런데 바로 이 사람을 통해 가장 비극적인 드라마, 가장 흥미진진한 드라마가 펼쳐지고 있는 것이다. 어느 날 하나의 의혹이 그의 가슴에 자리 잡는다. 이 의혹은 항간에 떠도는 소문이었지만 이미 몇몇 양심 있는 사람들을 뒤흔들고 있었다. 군사 법정은 무고함에 틀림없는 한 대위에게 반역죄를 뒤집어씌워 단죄했다. 형벌은 무시무시한 것이었다. 공개적인 군적 박탈,[6] 머나먼 섬으로의 유형, 더할 나위 없이 가혹한 군중의 저주. 그런데 만일 그가 무고하다면……. 오, 하느님 맙소사! 이 얼마나 끔찍한 불행인가! 만일 이를 보상할 방법이 없다면, 이 얼마나 끔찍한 공포인가!

  의혹이 쉐레르케스트네르 씨의 가슴 속에 싹텄다. 그 자신이 설명한 대로 그때부터 고통이 시작되었고, 뭔가를 알게 될 때마다 그것이 망령처럼 그를 붙들었다. 강고하고 논리적인 그의 지성은 조금씩 진실을 알고 싶은 불타는 욕망에 사로잡혔다. 이보다 더 고매한 것, 이보다 더 고결한 것은 아무것도 없다. 이 사람의 가슴 속에 일었던 놀라운 감정은 나, 양심에 귀를 기울이는 것을 천직으로 삼고 있는 나의 열정을 일깨웠다. 정의를 위한 진실한 투쟁, 이것보다 더 영웅적인 투쟁은 이 세상에 없다.

쉐레르케스트네르 씨는 마침내 확신을 가졌다. 그는 진실을 알게 되었고, 따라서 정의를 구현하려 하고 있다. 실로 위험한 순간이 아닐 수 없다. 그와 같은 정신의 소유자에게 이 순간이 얼마나 고통스러울지 나는 이해할 수 있다. 그는 자신이 불러일으킬 폭풍을 속속들이 알고 있는 것이다. 분명한 것은 진실과 정의가 지고하다는 사실인데, 왜냐하면 그것들만이 위대한 국가의 영광을 보장하기 때문이다. 정치적 이해관계가 한순간 진실과 정의를 흐리게 할 수도 있지만, 어쨌거나 진실과 정의에 제일의 존재 이유를 두지 않는 모든 민족이 오늘날 저주받은 민족이 되리라는 것은 말할 필요조차 없다.

진실을 밝히는 것, 그것은 좋은 일이다. 그런데 우리는 그 일을 이용해서 영광을 얻을 야심을 품을 수도 있다. 어떤 이들은 진실을 팔고 있고, 또 어떤 이들은 진실을 말함으로써 이득을 취하려 하고 있다.

쉐레르케스트네르 씨의 계획은 할 일을 한 다음 사라지는 것이었다. 그는 정부를 향해 이렇게 말할 결심을 했다. "여기, 있는 그대로의 사실이 있습니다. '사건'의 진상을 파악하십시오. 그리고 오판을 수정함으로써 스스로 정의의 수호자가 되십시오. 정의의 끝에는 승리가 있을 것입니다." 그렇지만 정녕 내 입으로 말하고 싶지 않은 상황들이 사람들로 하여금 그의 말에 귀를 막게 했다.

　이 순간부터 그는 끔찍한 고난을 겪었는데, 이 고난은 몇 주 전부터 점증(漸增)하고 있다. 그가 진실을 손에 넣었다는 소문이 퍼졌다. 그런데 진실을 알고서도 그것을 지붕 위에서 외치지 않는 사람은 공공의 적이 될 수밖에 없지 않을까? 그 끝없는 2주 동안 의연한 태도로 그는 진실을 밝힐 책임이 있는 사람들에게 기회를 주기 위해 침묵으로 일관했다. 우리는 이 2주 동안 얼마나 가혹한 모욕과 위협의 물결이 그를 향해 밀어닥쳤는지 알고 있다. 온갖 천박한 비난이 쏟아지는 가운데서도 그는 고개를 꼿꼿이 든 채 조금도 흔들리지 않았다. 그런데 왜 그는 침묵했을까? 왜 그는 만천하에 그의 문서를 공개하지 않았을까? 왜 그는 다른 사람들처럼 자신만이 가진 비밀 이야기를 언론으로 하여금 대서특필하게 하지 않았을까?

　아, 이 얼마나 위대한 예지의 인간인가! 그가 심지어 자신이 한 약속보다 더 강도 높게 침묵한 것, 그것은 바로 그가 진실을 보호할 책임을 맡고 있었기 때문이다. 만인이 교살하고 싶어 했던 진실, 만인의 야유 속에 몸을 떨고 있었던 이 가련한 진실, 그는 시대의 광기와 분노에 맞서 이 진실을 보호할 것만을 생각했다. 그는 아무도 진실을 은폐하지 못하게 하리라고 다짐했으며, 최후의 승리를 위해 결정적 시간과 수단을 선택하려 했다. 도대체 이보다 더 자연스럽고, 이보다 더 찬양할 만한 게 또 어디 있단 말인가? 나는 광기 어린 군중의 불신과 모욕 속에 2주 동안 쉐레르케스트네르 씨가 행한 침묵보다 더 숭고한 아름다움을 알지 못한다. 그러니 소설가들이여, 이 인물을 묘사하라! 그대는 진정 영웅적인 주인공을 얻게 될지니!

가장 유순한 사람들조차 그의 정신 건강에 의혹의 눈길을 던졌다. 아니, 그가 퇴행성 치매에 걸린 허약한 노인, 무엇이나 쉽게 믿는 망령 초기의 노인이었단 말인가? 다른 사람들, 즉 미치광이들과 무뢰한들은 그가 '엄청난 돈'을 받았다고 노골적으로 욕을 퍼부어 댔다. 분명해, 유태인들이 이 비양심적인 인간을 매수하기 위해 백만 프랑을 주었을 거야. 그런데 그는 이런 말도 안 되는 비난에 대해 침묵으로 일관한 것이다!

쉐레르케스트네르 씨는 그 수정 같은 삶과 더불어 여전히 우리 곁에 있다. 그를 비난하고 그를 모욕하는 자들을 그의 정면에 세우라. 그리고 판단하라. 그와 그자들 중 택일하지 않으면 안 된다. 진실과 정의에 대한 고결한 갈망을 벗어나서 그가 행동할 동기가 있는가. 드높은 지위가 뿌리째 흔들리는 것을 느끼며 난무하는 욕설에 심신은 지칠 대로 지쳐 있지만, 그럼에도 불구하고 영웅적 임무의 완수를 위해 모든 것을 희생할 각오를 한 채 그는 침묵하고 있다. 그는 기다리고 있다. 이 침묵, 이 기다림만큼 위대한 것이 또 어디 있을까.

앞서 말했듯 여기서 '사건' 자체는 나의 관심사가 아니다. 그렇지만 거듭 강조하고자 한다. '사건'은 그것을 있는 그대로 보려는 자에게는 더없이 간단하고, 더없이 명료하다.

사법적 오판은 슬픈 일이지만 언제나 있을 수 있는 일이다. 사법부가 틀릴 수도 있고, 군부가 틀릴 수도 있다. 여기서 군부의 명예가 실추되었다는 말이 왜 나오는가? 오판이 내려졌을 때 시급한 단 하나의 의무, 그것은 조속히 오판을 시정하는 것이다. 결정적 증거 앞에서도 오류를 인정하지 않으려고 고집하는 날, 바로 그날 진정한 과오가 시작되리라. 사실 어려운 문제는 아무것도 없다. 우리가 오판을 저지를 수 있다는 것 그리고 오판을 인정하는 데 괴로움과 망설임이 있었다는 것을 시인할 결심을 하는 날, 바로 그날 만사가 형통하리라. 그 점을 인식하는 이는 나를 이해할 수 있을 것이다.

사람들이 걱정하는 외교적 마찰, 그것은 구경꾼들을 향한 공갈일 뿐이다. 그 어떤 이웃 세력도 이 '사건'과 전혀 관련이 없다. 모두가 이 사실을 인식하지 않으면 안 된다. 우리는 가장 가증스러운 언론 캠페인에 의해 오도된 여론, 흥분한 여론

앞에 놓여 있을 뿐이다. 물론 언론은 필요한 힘이다. 요컨대 나는 언론이 악행보다는 선행을 더 많이 한다고 생각한다. 그러나 몇몇 신문은 그래도 역시 범죄자라고 할 수밖에 없는데, 왜냐하면 한쪽에게는 광기 어린 열정을 주고 다른 한쪽에게는 극도의 공포를 줌으로써 스캔들을 증폭시키고 있기 때문이다. 이를테면 그들은 신문의 판매 부수를 올리기 위해 스캔들을 이용하고 있다. 그리고 어리석은 반유태주의가 이 광기의 불길에 기름을 붓는다. 바야흐로 온갖 밀고가 횡행하는 까닭에 가장 순수하고 가장 용감한 사람들조차 흙탕물이 튈까 두려워 의무를 다하기를 꺼리고 있다.

이처럼 우리는 일체의 감정이 왜곡된 끔찍한 혼란, 정의를 희구하기 위해서는 백치나 주구(走狗)로 취급당해야 하는 끔찍한 혼란에 직면해 있다. 거짓이 난무하고 진지한 신문들조차 더없이 어리석은 이야기를 퍼뜨리고 온 나라가 광기에 사로잡혀 있다. 그러나 일단의 양식 있는 사람들이 머지않아 사태를 바로잡을 것이다. 아! 다시 한번 말하건대 힘 있는 사람들이 군중의 분노에 굴하지 않고 용기를 발휘하는 날, 바로 그날 모든 것이 제자리를 찾으리라!

쉐레르케스트네르 씨의 고결한 침묵 속에는 각자가 행동에 돌입하기 전 신중하게 자기반성하기를 기다리는 깊은 배려가 있었다고 나는 생각한다. 그는 자신의 의무, 진실을 알게 되자마자 지위·재산·행복을 버리고서라도 그것을 밝혀야만 했던 신성한 의무에 대해 말하면서 이런 놀라운 표현을 썼다. "나는 살 수 없었으리라." 그렇다! 이것은 이 사건에 참여한 모든 양심적인 사람들이 중얼거리는 말임에 틀림없다. 우리가 정의를 구현하지 못한다면, 우리는 더 이상 살 수 없으리라.

 만일 정치적 이유가 정의의 도래를 지연시킨다면, 그것은 피할 수 없는 결말을 후퇴시키고 악화시키는 새로운 과오가 되리라.
 진실이 전진하고 있고, 아무것도 그 발걸음을 멈추게 하지 못하리라.

조합

이 글은 1897년 12월 1일 〈르 피가로〉에 실렸다.

나는 앞으로 전개될 상황에 따라 쓸 일련의 드레퓌스 사건 시론, 즉 일체의 캠페인을 〈르 피가로〉에 실을 생각을 했다. 사실 내가 〈르 피가로〉 사장 페르낭 드 로데Fernand de Rodays 씨를 만난 것은 아주 우연한 산책을 통해서였다. 우리는 사람들이 오가는 길가에 서서 열정적으로 이야기를 나누었다. 의견 일치를 느낀 나는 문득 앞으로 쓸 일련의 글을 모두 그에게 줄 결심을 했다. 이처럼 내가 〈르 피가로〉와 함께 이 일에 뛰어든 것은 전혀 사전에 계획된 일이 아니었다. 어쨌든 〈르 피가로〉를 통해서가 아니었다 하더라도 나는 틀림없이 드레퓌스 사건에 대해 언급했을 텐데, 왜냐하면 그 상황에서 침묵을 지킬 수는 없었기 때문이다. 우리는 〈르 피가로〉가 얼마나 정력적으로 이 일을 시작했는지, 또 얼마나 정력적으로 가열한 투쟁을 이끌었는지를 분명히 기억하고 있다.

우리는 유태인을 위한 '조합'이라는 개념을 잘 알고 있다.

그 개념은 그것을 만들어낸 사람들에게 딱 어울리는 천박함과 어리석음, 그것도 단순하기 짝이 없는 어리석음에 물들어 있다.

드레퓌스 대위는 군사 법정에서 반역죄로 종신 유배형을 선고받았다. 그때부터 그는 더 이상 하나의 인간이 아니라 반역자로 취급받았고, 그가 조국을 교살해서 적의 손아귀에 넘겼다는 지극히 추상적인 생각이 공공연한 사실로 퍼졌다. 문제는 현재의 반역과 미래의 반역만이 아니다. 그는 또한 과거의 반역을 대표하고 있는데, 왜냐하면 반역이 아니고서는 우리가 패배했을 이유가 없다고 고집을 부리면서 사람들이 그에게 옛 패배의 책임까지 전가했기 때문이다.

그는 암흑의 영혼이며, 오욕의 인물이며, 군대의 수치이며, 자신의 신을 팔아먹은 유다처럼 자신의 형제를 팔아먹은 무뢰한이다. 그리고 너무나 간명한 이치인데, 그가 유태인인 이상, 돈과 힘을 겸비하고 있지만 똑같이 조국 없이 떠도는 유태인 동포들이 수백만 프랑을 써서라도 그를 구하려고 은밀하게 노력할 것이다. 그 범죄자의 복권(復權)을 위해서라면 그들은 양심적인 사람들을 매수하고, 프랑스를 추악한 음모로 부패시키고, 심지어 죄 없는 자에게 그 범죄자의 죄를 뒤집어씌울 것이다. 더욱이 그 범죄자의 가족들이 지금 '사건'에 온몸을 던지고 있다. 사건 말이다, 아무리 많은 돈을 들여서라도 정의를 욕되게 하고, 거짓을 승리하게 하고, 더할 나위 없이 파렴치한 캠페인을 통해 한 민족을 더럽히려는 사건 말이다. 말할 필요조차 없이 이 모든 것은 비열한 유태인을 구해내고 그 자리에 기독교인을 갖다놓으려는 음험한 목적의 산물이다.

바야흐로 조합이 결성되고 있다. 그것은 유태인 은행가들이 결속하고 있고, 돈을 모으고 있고, 고지식한 대중의 맹목성을 이용하고 있음을 의미한다. 어디엔가 이 모든 혼란을 조성하는 자들에게 비용을 대는 비밀 금고가 있음에 틀림없다. 가면을 쓴 수많은 사람들, 깊은 밤 다리 밑에서 미지의 인물들에게 은밀히 인도되는 거액의 자금, 엄청난 대가를 받고 양심을 파는 우리 사회의 요인(要人)들 등 온갖 부패한 것들이 어우러져 실로 거대한 암흑의 기업을 창설하고 있는 것이다.

조합은 조금씩 확대될 것이고, 끝내 반역자를 찬양하고 프랑스를 치욕의 물결 속에 익사시키기 위해 남몰래 온갖 뻔뻔스러운 음모를 꾸미는 강력한 집단이 될 것이다.

정말 그럴까, 좀더 자세히 들여다보자.

항간의 이야기는 이렇게 요약된다. 유태인들은 많은 돈을 벌었다, 그래서 그들은 공범들에게 즉석에서 대가를 지불하고 있다. 맙소사! 나는 유태인들이 지금까지 얼마나 많은 돈을 어떻게 썼는지 모른다. 그러나 그들이 진짜 수천만 프랑을 가지고 있다면, 그들은 정녕 그것을 여기에 써야 하지 않을까. 어리석은 반유태주의가 날마다 진창 속으로 처넣고 있는 프랑스 시민들, 즉 우리의 동포요 우리의 형제가 여기에 있다. 우리는 드레퓌스 대위를 포함해 그들 모두를 짓누르고자 했고, 그 민족 중의 한 사람의 범죄를 그 민족 전체의 범죄로 만들고자 했다. 모두가 반역자요, 모두가 매수당한 자요, 모두가 유죄 선고를 받은 자인 것이다. 더욱이 그대들은 이 사람들이 격렬하게 항의하고, 혐의를 벗으려 하고, 그들에게 강요된 민족 말살 전쟁에 정식으로 맞서기를 전혀 원치 않고 있다! 한편 그들은 그 유태교 신자의 무죄가 만천하에 입증되기를 간절히 바라고 있다. 만일 그 신자의 복권을 가능하게 하는 길이 있다면, 아! 그들은 진정 뜨거운 가슴으로 그 길로 달려가리라!

나로 하여금 쓴웃음 짓게 하는 것, 그것은 설령 대가를 지불하는 조합 비밀 창구가 존재한다 하더라도 정말로 돈에 매수되어 암약(暗躍)하는 불한당 조합원이 발견된 적은 없다는 사실이다. 생각해보자. 그대들은 소위 조합원으로 지목된 사람들을 잘 알고 있다. 그런데 그들이 불한당이 아님은 천하가 다 아는 사실 아닌가? 좀더 구체적으로 말하자면, 기이하게도 유태인들에게 매수당했다고 일컬어지는 사람들은 저마다 성실과 정직의 대명사로 알려져 있다. 항간의 소문대로 유태인들은 언제나 옷을 잘 차려입고, 희귀한 물건을 소유하기를 즐길 정도로 돈이 많을지도 모른다. 그렇지만 나는 조합 비밀

창구 같은 것이 존재하리라는 생각에는 전혀 동의하지 않는다. 설령 궁지에 몰린 유태인들이 수백만 프랑을 써서 자기 방어를 한다 한들 그게 무슨 잘못일까만은 말이다. 죽음을 눈앞에 두고 살기 위해 모든 수단을 동원하지 않을 사람이 어디 있을까. 나는 지금 정히 중립적인 입장에서 말하고 있는데, 왜냐하면 나는 유태인들을 좋아하지도 미워하지도 않기 때문이다. 내게는 특별히 가까이 지내는 어떤 유태인 친구도 없다. 그들은 내게 인간일 뿐, 그 이상도 그 이하도 아니다.

그런데 드레퓌스 가족들의 입장에서 보면, 이것은 전혀 다른 문제가 된다. 그들의 입장을 이해하지 못하거나 거기에 대해 유감을 표하지 않는 이가 있다면, 그는 매우 비정한 사람일 것이다. 생각해보라! 자기 자식의 무죄를 믿는 부모라면 당연히 자신의 피와 재산을 그에 바칠 권리가 있고, 심지어 의무가 있다. 이 집의 문지방이야말로 아무도 더럽힐 수 없는 신성한 문지방이다. 그 누구도 모자를 벗지 않고서는 비탄에 빠진 아내, 형제, 부모가 울고 있는 이 집으로 들어갈 수 없다. 오직 시정잡배들만이 이 집에서 무례하게 목소리를 높일 수 있으리라. 반역자의 형이라니! 그 형에게 이것만 한 모욕이 어디 있을까! 도대체 우리는 어떤 도덕을 배우며 살았고 어떤 신을 섬기며 살았기에, 가족 중의 한 사람의 잘못을 전체 가족에게 뒤집어씌우는 것일까? 우리의 문화와 우리의 관용 정신에 비추어 이보다 더 저열하고 이보다 더 비열한 것은 아무것도 없다. 그가 자신의 의무를 다하고 있다는 이유로 드레퓌스 대위의 형을 비난하는 신문들은 진정 프랑스 언론의 수치가 아닐 수 없다.

도대체 드레퓌스 대위의 형이 아니라면 누가 문제 제기를 해야 했단 말인가? 그는 자신의 역할을 충실히 수행하고 있을 뿐이다. 그가 소리 높여 정의를 요구했을 때, 더 이상 아무도 개입할 필요가 없었으며, 모두들 뒤로 물러나지 않으면 안 되었다. 오직 그만이 사법적 오판의 가능성 검토와 진실의 입증이라는 이 두려운 문제를 제기할 자격을 가지고 있었다. 사람들이 아무리 욕설을 퍼부어봤자 소용없으리라. 그런다고 부재자를 변호하는 일은 당연히 희망과 신념으로 뭉친 그 혈족의 몫이라는 평범한 상식이 퇴색되는 것은 아니다. 현재 그 유형자의 무죄에 대한 가장 강력한 윤리적 증거는 명예와 정직과 애국심으로 가득 찬 한 가족의 불굴의 확신이다.

풍문에 따르면 조합을 설립한 유태인들과 조합을 이끄는 가족들 외에 매수당한 평범한 조합원들이 있다. 라자르Bernard Lazare[7] 씨와 포르지네티Ferdinand Forzinetti[8] 소령은 둘 다 최고참 조합원이다. 그 뒤를 잇는 조합원이 쉐레르케스트네르 씨와 모노Gabriel Monod[9] 씨이다. 마지막으로 르블루아Louis Leblois[10] 씨와 피카르Georges Picquart[11] 대령이 조합원으로 낙인 찍혔다. 그리고 일전 첫 번째 글을 기고한 이후 나 또한 이 무리의 일원으로 취급되기를 기대하고 있다. 요컨대 사법적 오판일지도 모른다는 생각에 가공할 전율을 느끼면서 정의의 이름으로 진실이 밝혀지기를 바라는 사람이라면 그 누구든지 조합원이며, 악당이며, 매수당한 자이다.

그렇지만 이 유명한 조합을 원하고 만든 것은 바로 그대들 모두가 아닌가! 사이비 애국자들, 목청껏 고함을 내지르는 반유태주의자들, 공공의 기강 해이를 노리는 단순한 사기꾼들을 부추겨 이 혼란을 조성한 그대들 모두 말이다.

증거는 이미 백일하에 드러나 있지 않은가? 만일 조합이 존재했다면, 일사불란한 의견 제시도 존재했어야 하리라. 알다시피 유죄 선고의 이튿날 존재한 것은 몇몇 양심적인 사람들의 가슴 속에 이는 불편함이었을 뿐이요, 만인에게 자신의 무죄를 외치는 불행한 사람 앞에서 느끼는 일말의 의혹이었을 뿐이다. 그런데 사실 우리가 지금 목격하고 있는 끔찍한 위기, 대중의 광기는 몇몇 양심적인 사람들의 가슴 속에 일었던 그 가벼운 전율에서 비롯되었음에 틀림없다. 뒤이어 다른 많은 사람들이 공유할 이 전율을 맨 먼저 느낀 사람은 포르지네티 소령인데, 그는 우리에게 이 가슴 저미는 전율의 이야기를 생생하게 전한 바 있다.

그 다음 베르나르 라자르 씨를 보자. 그는 의혹에 사로잡혀 있고, 진실을 가리기 위해 분투노력하고 있다. 게다가 그의 고독한 조사는 혼자 힘으로 꿰뚫을 수 없는 암흑 속에서 이루어지고 있다. 이 사건과 관련하여 이미 팸플릿 하나를 발표했던 그는 오늘날 우리가 알고 있는 새로운 사실들이 밝혀지기 직전에 두 번째 팸플릿을 발표한 바 있다. 그가 혼자 노력했다는 증거, 그가 이른바 조합의 다른 어느 구성원과도 관계를 맺지 않았다는 증거, 그것은 그가 진짜 진실에 대해 아무것도 몰랐고, 따라서 아무것도 말할 수 없었다는 데 있다. 조합원들끼리도 서로 모르는 조합이라니, 정말 희한한 조합 아닌가!

그 다음 쉐레르케스트네르 씨를 보자. 그는 진실과 정의를 구현하지 못해 괴로워했고, 같은 시각 피카르 대령이 공식적인 조사를 진행하고 있는 줄도 모르고 확실한 증거를 찾으려 애썼다. 피카르 대령은 국방부에서 자신의 직무를 충실하고 정직하게 수행하고 있었다. 후일 알려진 것처럼 서로를 전혀 모르는 상태에서 각기 다른 곳에서 똑같은 일에 매달려 있던 두 사람이 마침내 합류하여 나란히 길을 걷게 된 것은 실로 운명이라고 할 수밖에 없었다.

소위 조합의 실체란 바로 이런 것이다. 서로 모르는 채 멀리 떨어져서 분투노력했고, 다양한 길을 통해 같은 목적지를 향해 떠났고, 묵묵히 걸었고, 땅을 파헤쳤고, 어느 이른 아침 모두 동일한 목적지에 이른 사람들, 방방곡곡 진실과 정의를 사랑하는 선량한 사람들의 모임 말이다. 그들은 모두 진실의 십자로에서, 정의의 광장에서 운명적으로 서로를 만나 손에 손을 잡았다.

지금까지 그대들은 오류의 지고한 교정을 위해 각고의 노력을 아끼지 않은 그들을 모욕으로 대했고, 음모꾼들이라고 비난했다. 이제 그대들도 잘 알고 있으리라, 그들의 대열을 흩어지지 않게 하고, 그들의 결속을 강화하고, 그들로 하여금 건강하고 정직한 하나의 목표를 향해 전진하도록 만드는 것이 바로 그대들의 일이라는 사실을.

이루 말할 수 없이 다양한 편견과 이해관계가 뒤섞여 있는 열 개, 스무 개의 신문들, 한마디로 분노로 가슴이 찢어지지 않고서는 단 한 줄도 읽을 수 없는 일체의 비열한 언론은, 쉼 없이, 독자들에게 조합이 거금을 들여 양심적인 사람들을 매수하면서 가장 혐오스러운 음모를 획책하고 있다고 선전했다. 선전에 따르면, 조합원들은 먼저 반역자를 구출하고 죄 없는 사람 하나를 희생시켜 그 자리에 갖다놓으려 한다. 그런 다음 군대의 명예를 땅에 떨어뜨리고, 1870년[12]에 그랬던 것처럼 프랑스를 팔아넘기려 한다. 여기서 이런 소설 같은 새빨간 거짓말을 상세히 분석할 필요는 없을 줄로 안다.

어쨌든 이런 의견은 절대 다수 대중의 여론이 되었다. 일주일 전부터 얼마나 많은 소박한 사람들이 내게 다가와 이렇게 말했던가. "뭐라고요! 쉐레르케스트네르 씨가 악당이 아니라고요? 당신이 이런 자들과 어울려 다니다니요! 그들이 프랑스를 팔아넘겼다는 걸 모르시는군요!" 내 가슴은 찢어질 듯 고통스러운데, 왜냐하면 나는 이런 여론의 부패가 머지않아 온갖 속임수를 불러오리라는 것을 잘 알고 있기 때문이다. 그리고 최악의 사실은 물줄기를 역류시켜야 할 이때 용감한 사람들을 거의 찾아볼 수 없다는 것이다. 도대체 얼마나 많은 사람들이 대위의 무죄를 확신하지만 위험한 상황에 놓이거나 싸움에 말려들고 싶지 않다고 그대들의 귀에 속삭이고 있는가!

국방부는 여론의 뒤에 숨어 여론에 의지하고자 한다. 나는 오늘 여기서 이 문제를 거론하고 싶지 않은데, 왜냐하면 아직도 나는 정의가 실현되리라고 믿고 있기 때문이다. 그렇지만 우리가 가장 거친 악의에 직면해 있음을 누가 모를까? 그들은 오류——실수라고 말하고 싶지 않다——를 저질렀음을 인정하려 하지 않는다. 그들은 진실의 빛에 노출된 인물들을 집요하게 보호하고 있다. 그들은 거대한 빗질을 피할 수 있다면 무슨 일이라도 저지를 각오를 하고 있다. 상황은 과연 너무도 심각해서 진실을 손에 쥐고 있는 사람들마저 진실을 밝히기를 주저하고 있으며, 애써 진실을 밝히는 고통을 모면할 수 있도록 진실이 자연스럽게 드러나주기를 기대하고 있다.

그러나 오늘부터 내가 전 프랑스에 알리고 싶은 진실이 최소한 한 가지 있다. 그것은 사람들이 정의와 관용의 나라 프랑스로 하여금 진짜 범죄를 저지르도록 강요하고 있다는 사실이다. 물론 범죄의 나라 프랑스는 더 이상 프랑스가 아니다. 프랑스가 이 정도까지 속아 넘어가다니, 삼 년 전부터 혹독한 조건 하에 저지르지도 않은 죄를 갖고 있는 불행한 남자에 대해 이 정도까지 광분하다니 실로 통탄할 일이 아닐 수 없다. 그렇다, 저기 뜨거운 태양 아래, 멀고 먼 외딴 섬에 인간세계로부터 격리된 한 남자가 존재하고 있다. 망망대해가 그를 격리시키고 있을 뿐만 아니라 열한 명의 간수들이 밤낮없이 마치 인간 장벽인 양 그를 가두고 있다. 단 한 명을 지키기 위해 무려 열한 명이 배치된 것이다. 어떤 살인자도, 어떤 광인도 이 같은 철옹성에 갇힌 적은 없다. 실로 전 민족적 저주 속에 강요되는 영원한 침묵이자 단말마적 고통이 아닐 수 없다! 이런 상황에서 그대들은 감히 이 남자가 죄인이 아니라고 말할 수 있겠는가?

그렇다! 조합원인 우리는 감히 그가 죄인이 아니라고 말하고자 한다. 더욱이 우리는 전 프랑스 앞에서 그렇게 말하고자 한다. 우리는 프랑스가 결국 우리의 주장에 귀를 기울이리라고 생각하는데, 왜냐하면 프랑스는 언제나 정의롭고 아름다운 대의를 위해 스스로 불타올랐기 때문이다. 우리는 전 프랑스 앞에서 우리가 군대의 명예, 국가의 영광을 원한다고 말하고자 한다. 하나의 사법적 오판이 저질러졌다. 그리고 그 오판이 수정되지 않는 한, 프랑스는 마치 암에 걸린 것처럼 자기도 모르는 새 조금씩 썩어가리라. 만일 프랑스가 건강을 회복하기 위해 도려내야 할 환부가 있다면, 반드시 그

환부를 도려내기를!

 여론에 긍정적 영향을 미치기 위한 조합, 비열한 언론이 조성한 광기에서 여론을 구해내기 위한 조합, 여론으로 하여금 전통적 긍지와 관용을 되찾게 하기 위한 조합. 진실을 규명해도 우리의 외교관계가 흔들리지 않으리라는 것, 진실을 규명해도 군대의 명예가 굳건하리라는 것, 진실 규명으로 상처를 입는 것은 몇몇 개인들뿐이라는 것을 매일 아침 거듭 강조하기 위한 조합. 일체의 사법적 오판은 수정될 수 있다는 것, 군사 법정이 틀릴 리 만무하다는 이유로 이런 유의 오판을 수정하지 않는 것은 가장 괴이한 고집이요 가장 가공할 무류성(無謬性)의 주장이라는 것을 논증하기 위한 조합. 온갖 역경을 헤치며 수년의 투쟁을 거쳐서라도 진실이 규명될 때까지, 정의가 구현될 때까지 캠페인을 벌여나가기 위한 조합.
 아, 그렇고 말고, 나는 이 조합의 일원이다! 그리고 모름지기 용기 있는 프랑스인이라면 모두 이 조합에 가입하리라고 나는 믿는다!

조서

이 글은 1897년 12월 5일 〈르 피가로〉에 실렸다.

이것은 내가 〈르 피가로〉에 발표한 세 번째 글이자, 마지막 글이다. 나는 이 글을 〈르 피가로〉에 싣는 데 상당히 애를 먹었다. 후일 진상이 알려지겠지만, 나는 그쯤에서 기고를 중단하는 게 현명하리라고 판단했는데, 왜냐하면 신문의 고객들이 나의 글을 읽고 몹시 흥분했기 때문이다. 나는 신문이라면 당연히 고객의 취향과 열정을 신중하게 고려해야 한다는 데 전적으로 동의한다. 그래서 나는 이런 식으로 기고가 중단될 때마다 그 책임을 모두 나에게 돌리곤 했다. 이번에도 투쟁의 지평과 조건에 대해 오해한 것은 바로 나였다. 아무튼 〈르 피가로〉는 내가 쓴 세 편의 글을 실음으로써 진정 용기 있는 신문임을 입증했다. 〈르 피가로〉에 깊은 감사를 표한다.

아! 삼 주 전부터 우리 앞에 펼쳐진 이 광경은 얼마나 끔찍한가, 그리고 우리가 목격한 이 비극, 우리가 겪은 이 잊을 수 없는 날들은 얼마나 참혹한가! 지금까지 이보다 더한 고뇌,

이보다 더한 고결한 분노를 내게 준 것은 아무것도 없었다. 요 며칠 나는 어리석음과 기만에 대해 너무나 큰 증오를 느꼈고, 진실과 정의에 대해 너무나 큰 갈증을 느꼈다. 바야흐로 나는 때로 심원한 마음의 충격이 평범한 소시민을 순교자로 만들 수 있다는 것을 온몸으로 체감했다.

사실 그 전대미문의 참담한 광경은 어떤 저열한 본능도 흉내 낼 수 없을 정도로, 인간의 상상을 초월할 정도로 야만적이고 파렴치한 것이었다. 윤리적 타락과 군중의 광기라는 면에서 이런 경우는 거의 전례를 찾아보기 힘든데, 어쩌면 바로 그 때문에 나는 인간으로서의 반항심을 넘어 소설가로서, 극작가로서 이처럼 가슴이 터지도록 흥분하는 것인지도 모르겠다.

오늘, 드디어 '사건'이 공식적이고 논리적인 국면, 즉 우리가 쉼 없이 요구해온 국면으로 접어들고 있다. 군사 법정이 다시 정식으로 제소를 받은 것이다. 이 새로운 재판이 끝나면 모든 진실이 밝혀질 것임을 우리는 믿어 의심치 않는다. 우리는 결코 다른 것을 원한 적이 없다. 이제 우리에게 남은 일은 입을 다물고 가만히 기다리는 것뿐이다. 왜냐하면 진실을 밝히고 진실을 말해야 하는 것은 우리가 아니라 바로 군사 법정이기 때문이다. 우리는 오직 진실이 밝혀지지 않을 때에만 개입할 텐데, 그것은 정녕 상상할 수 없는 가정(假定)이다.

그렇지만 암흑에 휩싸인 이 혼돈, 숱한 추악한 양심들의 가면을 벗긴 이 스캔들, 한마디로 사건의 첫 번째 국면이 끝난 지금, 우리는 그에 대한 조서를 작성하지 않으면 안 된다. 이를테면 그에 대한 결론을 내리는 것이 지금 우리의 할 일이다. 왜냐하면 이제까지 드러난 사실이 자아내는 깊은 슬픔 속에도 역설적 교훈, 상처를 소훼(燒燬)하는 달궈진 인두가 있기 때문이다. 우리 모두 이 점을 생각하자, 우리가 겪은 참혹한 광경은 결국 우리를 더욱 건강하게 만들 것이다.

 우선, 언론을 돌아보자.
 우리는 독자의 타락한 호기심을 자극해서 돈을 버는 언론, 더러운 신문을 팔기 위해 대중을 탈선시키는 언론, 국가가 조용해지고, 건강해지고, 강력해지자마자 독자가 끊기는 언론, 한마디로 발정한 듯 날뛰는 저열한 언론을 보았다. 방탕을 암시하는 제목을 대문자로 넣어 오가는 사람들의 시선을 끄는 저속한 신문들은 어둠 속에서 호객 행위를 하는 매춘부와 다를 바 없다. 방탕의 암시야말로 그들이 흔히 쓰는 파렴치한 상술이다.
 우리는 가판대 상단에 자리 잡은 인기 있는 신문들, 자금줄이 든든한 신문들, 대량의 판매 부수를 자랑하는 신문들, 대중의 여론을 주도하는 신문들을 보았고, 또 그들이 고결한 프랑스 민족 특유의 관용 정신 및 진실과 정의를 위한 욕망을 말살하면서 잔혹한 열정을 부추기고, 민족 차별주의적 캠페인을 광포하게 이끄는 것을 보았다. 물론 우리는 그들의 선의를 믿고 싶다. 그러나 가장 추악한 범죄, 즉 대중의 양심을 흐리게 하고 민족 전체를 방황하게 하는 범죄를 저지른 저 인간 몰이꾼들, 노회한 논쟁가들, 광기 어린 선동가들, 협애한 애국자들을 보고 있노라면 나도 모르게 형용할 수 없는 슬픔에 빠지게 된다! 이런 작태는 그것이 몇몇 신문에서 거짓, 명예 훼손, 밀고 등 온갖 천박한 방식, 후일 우리 시대의 치욕으로 기록될 온갖 천박한 방식으로 이루어지는 만큼 더욱더 혐오스럽다.

우리는 또한 거대 언론, 소위 진지하고 정직하다고 일컬어지는 거대 언론이 무심히 ── '유유히'라고 말하지는 않겠다 ── 이런 추세에 동참하는 것을 보았다. 이 정직한 신문들은 진실과 오류 모두를 정확하게 기록하는 데 만족했던 것이다. 말하자면 독의 강물이 그들에게 흘러들어 정의의 외침을 막았던 것이다. 물론 그 태도가 불편부당한 것이었음은 아무도 부정할 수 없다. 하지만 그것이 과연 이 시대에 바람직한 태도였을까? 그들은 산발적으로 미적지근한 논평을 냈을 뿐이다. 생각해보라! 그들의 목소리 중에서 인류를 지지하고, 모욕받은 정의를 지지하는 고고한 목소리가 단 하나라도 있었던가!

그리고 우리는 특히 이런 것을 보았다. 어쩌면 이런 것이야말로 언론이 저지른 수많은 죄악 중에 가장 추악한 죄악이 아닐까. 이를테면 우리는 언론, 비열한 언론이 군대를 모욕하고 국가를 능멸한 한 프랑스 장교를 끝없이 비호하는 것을 보았다. 우리는 그를 변호하는 신문들과 그를 제한적으로만 비난하는 신문들을 보았다. 어찌 이럴 수가 있을까! 항의와 반항의 일치된 외침은 단 한 차례도 없었으니! 도대체 무슨 일이 있었기에 이전 같았으면 공공의 양심의 즉각적 반격에 직면했을 그 범죄가 언론, 특히 배신과 반역 문제에 그토록 민감한 언론의 불화살을 피할 수 있었던 것일까?

우리는 이 모든 것을 보았다. 목하 아무도 말을 하지도 화를 내지도 않고 있는 까닭에, 나는 이런 징후가 다른 관객들에게서 어떤 반응을 불러일으켰는지 모른다. 그렇지만 나로서는 말할 수 없는 전율을 느꼈는데, 왜냐하면 이런 징후야말로 뜻밖에도 우리가 앓고 있는 질병을 여실히 드러내주기 때문이다. 비열한 언론은 국가를 탈선시켰고, 그로 인해 도처에 만연한 부패와 타락이 평소에 보이지 않던 암 덩어리를 돌연 만인의 눈앞에 펼쳐 보인 것이다.

다음, 반유태주의를 돌아보자.

한마디로 반유태주의는 유죄다. 프랑스 역사의 시곗바늘을 천 년이나 뒤로 돌린 이 야만적 캠페인이 나의 형제애, 나의 관용 정신, 나의 인간애를 무한히 자극하고 있음을 나는 이미 고백한 바 있다. 종교 전쟁 시대로 되돌아가는 것, 종교 박해를 다시 시작하는 것, 민족과 민족이 서로를 말살하고자 하는 것, 인간 해방의 우리 시대에 이런 시도야말로 실로 어처구니 없는 난센스가 아닐 수 없다. 이런 시도는 오직 균형 감각을 잃은 신도의 몽롱한 정신에서만, 오래도록 무명으로 지내다가 이윽고 어떤 대가를 치르고서라도 하나의 시대적 역할——그것이 가증스러운 것일지라도——을 맡아야겠다고 결심한 작가의 허영에서만 생겨날 수 있는 것이다. 사실 나는 아직도 자유로운 정신의 나라, 우애로운 선의의 나라, 맑고 맑은 이성의 나라 프랑스에서 이런 운동이 결정적 중요성을 띨 수 있다는 것을 믿을 수가 없다.

그렇지만 끔찍한 악행이 이미 저질러졌고, 고백하건대 이 악행의 규모는 너무도 크다. 설령 전 국민이 중독된 것은 아니라 할지라도, 독은 이미 국민 속에 널리 퍼져 있다. 파나마 사건les scandales du Panama[13]이 우리의 가슴 속에 더욱 깊이 불어넣은 위험한 독성, 그것이 바로 반유태주의다. 소위 드레퓌스 사건이라는 이 통탄할 만한 사건은 다름 아닌 반유태주의의 작품이다. 반유태주의가 사법적 오판을 가능하게 했고, 반유태주의가 오늘날 대중을 공포로 몰아넣고 있고, 반유태주의가 사법적 오판에 대한 침착하고 품위 있는 인정과 그를 통한 우리의 건강과 명성의 회복을 가로막고 있다. 처음에 진지하게 의혹이 제기되었을 때 진실을 규명했더라면 얼마나 좋았을까? 우리 모두를 미치게 하는 보이지 않는 독이 없었더라면, 오늘날처럼 사나운 광기가 활개 치는 일은 없지 않았을까?

유태인에 대한 광포한 증오가 바로 이 독인즉, 몇 년 전부터 국민들은 매일 아침 이 독의 세례를 받고 있다. 당연히 상습적으로 독의 세례를 퍼붓는 무리가 있는데, 압권은 이 무리가 도덕의 이름으로, 그리스도의 이름으로, 복수자로서, 정의의 수호자로서 이 짓을 한다는 것이다. 그렇다면 군사 법정을 둘러싼 이런 분위기가 군사 법정의 심리에 영향을 미치지 않았다고 누가 주장할 수 있을까? 모두가 이렇게 생각한다. 국가를 팔아먹은 유태인 반역자라, 당연히 그렇겠지. 설령 그에게서 어떤 범죄의 동기도 발견할 수 없을지라도, 설령 그가 부유하고, 현명하고, 근면한 국민으로서 어떤 편견도 없이 나무랄 데 없는 생활을 하고 있을지라도, 그가 유태인이라면 더 이상 논란의 여지가 없는 것 아닐까?

우리가 진실 규명을 요구한 이후, 반유태주의의 물결은 더욱 거세지고, 더욱 요란해지고 있다. 이제 곧 그 유태인의 사건이 심리될 것이다. 만일 그 유태인이 죄가 없는 것으로 드러난다면, 그것은 반유태주의자들에게 엄청난 모욕이 아닐 수 없으리라! 도대체 죄 없는 유태인이 어떻게 존재할 수 있단 말인가? 그렇지만 우리가 보기에 그것은 거대한 거짓의 탑의 붕괴이며, 과도한 모욕과 파렴치한 모략으로 소박한 대중을 호도하는 종파주의자들의 파멸이며, 신선한 공기와 선의와 정의의 부활이다.

한편 우리는 조금이라도 진실이 밝혀질지 모른다는 생각에 화가 나 펄펄 날뛰는 사악한 공인(公人)들을 보았다. 아아! 또한 우리는 그들이 타락시킨 무질서한 대중, 길을 잃은 여론, 그리고 무엇보다 오늘은 유태인들을 공격하지만 내일은 누군가가 그들의 신성한 정의감을 자극하자마자 드레퓌스 대위를 구하기 위해 혁명을 일으킬 소박한 국민들을 보았다.

끝으로, 관객들, 배우들, 그대들과 나, 우리 모두를 돌아보자. 무한히 증폭되는 혼란과 무한히 불어나는 흙탕물, 이 얼마나 슬픈 비극인가! 우리는 하루하루 깊어가는 이해관계와 편견의 소용돌이, 어리석은 이야기들, 부끄러운 모략들, 더없이 파렴치한 부인(否認)들, 매일 아침 모욕당하는 단순한 상식들, 쌓여만 가는 악덕, 야유당하는 미덕, 삶의 기쁨과 명예의 원천이 되는 것들의 죽음을 보았다. 그런데 사람들은 마침내 그 모든 것이 가증스럽다고 판단하기에 이르렀다. 당연한 일이고말고! 그렇다면 도대체 누가 이런 사태를 원했고, 누가 이런 사태를 그토록 오래 끌고 왔는가? 그것은 일 년여 전부터 진상을 알면서도 아무것도 하지 않았던 사람들, 다름 아닌 우리 사회의 지도자들이다. 우리는 무시무시한 폭풍우가 한 걸음 한 걸음 몰려오고 있음을 예고하면서 그들에게 진실 규명을 간청했었다. 조사, 그들은 조사를 했었지. 문서, 그들은 문서를 손에 넣었었지. 그럼에도 불구하고, 간절한 애국적 요청을 무시하면서, 마지막 순간까지 그들은 몇몇 문제 인물을 희생시킴으로써 사건을 해결하기보다는 차라리 고집스레 무위에 안주하기를 택했다. 이제 우리의 예고대로 진흙탕의 강이 범람했다. 그리고 그것은 전적으로 그들의 잘못이다.

  우리는 조사가 진행되고 있는 한 진실을 알고 있어도 발언을 자제하려는 사람들에게 군이 진실을 밝히라고 압박함으로써 승리를 구가하는 무뢰한들을 보았다. 진실, 그것은 조사를 담당한 장군에게 이미 전달되었으며, 따라서 그것을 공개해야 했던 사람은 바로 그 장군이다. 진실, 그것은 또한 예심판사에게 전달될 것이며, 따라서 그것을 읽고 그에 근거해서 심판을 내려야 할 사람은 바로 그 예심판사이다. 진실! 도대체 그대들은 낡은 국가조직이 온통 뒤흔들리고 있는 이런 상황에서 그 진실이란 것을 어떻게 이해하고 있는가? 그대들은 진실을 마치 조약돌이나 사과처럼 이 사람의 손에서 저 사람의 손으로 마음대로 옮길 수 있고, 또한 마음대로 주무를 수 있는 단순한 대상이라고 생각하는가? 증거, 아! 그렇지, 마치 어린아이들이 지나가는 바람을 손가락으로 가리켜달라고 조르듯 그대들이 우리에게 즉시 보여달라고 재촉하는 증거. 잠시 참고 기다려라. 진실은 반드시 밝혀지리라. 그렇지만 어쨌든 그날이 오기까지는 소정의 지혜와 소정의 양심이 필요하리라.

 우리는 애국주의를 천박하게 이용하는 것과 단지 프랑스 국민의 명예에 관계되는 사건일 뿐인데도 외국의 유령을 등장시키는 것을 보았다. 좀더 사나운 폭도들은 우리가 군대와 군대의 지휘관들을 모욕했다고 주장했는데, 우리는 정말이지 군대와 군대의 지휘관들이 온갖 훼손에서 벗어나 고고하게 존재하기를 바랐을 뿐이다. 선동가들이 군중을 흥분시키고 몇몇 신문들이 여론 몰이를 하는 가운데 우리 사회의 지배자로 등장한 것은 바로 공포였다. 단 한 사람의 의원도 양심의 외침을 들려주지 않았고, 모두가 자기 집단의 수인(囚人)이 되어 망설임과 침묵 속에 빠졌고, 모두가 다음 선거를 걱정하며 여론의 눈치를 보았다. 온건파도, 급진파도, 사회주의자도, 이른바 공공의 자유를 수호할 책임이 있는 사람들 중 그 누구도 양심에 따라 발언하기 위해 일어나지 않았다. 국가의 길잡이를 자처하는 사람들조차 정략적 목적으로 혹은 개인적 불이익을 당할지도 모른다는 두려움으로 입을 다물었을진대, 도대체 어떻게 그대들은 국가가 이 폭풍우 속에서 스스로 길을 찾아나가기를 바란단 말인가?

 지금 우리 눈앞에 펼쳐진 광경은 우리의 자부심을 여지없이 짓밟을 정도로 너무도 개탄스럽고, 너무도 참담하고, 너무도 가혹하다. 나는 주위에서 이렇게 말하는 소리를 흔히 듣는다. "이런 집단적 정신착란이 일어나는 걸 보면 프랑스는 틀림없이 중병이 든 거야." 아니다! 프랑스는 잠시 이성과 감성의 바깥으로 탈선했을 뿐이다. 우리가 인류애와 정의감을 다시 불어넣어 준다면, 프랑스는 거뜬히 제자리로 돌아가 전통적 관용 정신을 되찾을 것이다.

제1막이 끝났고, 끔찍한 무대 위로 커튼이 내려졌다. 내일의 무대는 우리에게 용기와 위안을 주기를 기대하자.

나는 진실이 전진하고 있고, 아무것도 이를 멈추게 하지 못하리라고 말한 바 있다. 오늘 첫걸음을 떼었다. 내일 또 한 걸음, 그 다음 날 또 한 걸음, 그러면서 언젠가 결정적인 걸음을 뗄 것이다. 그것은 불을 보듯 환한 사실이다.

이제 나는 가만히 군사 법정의 판결을 기다리고자 한다. 이를테면 나의 역할은 끝났다. 나는 진실이 밝혀지고 정의가 실현되어 더 이상 내가 투쟁할 필요가 없기를 간절히 소망한다.

청년들에게 보내는 편지

이 글은 팸플릿으로 제작되어 1897년 12월 14일 판매되었다.

당시 내 글을 싣겠노라고 용기 있게 나서는 신문 매체가 전무한데다가 나 역시 절대적 자유를 원했기 때문에, 나는 일련의 팸플릿을 제작함으로써 캠페인을 이어나갈 계획을 세웠다. 처음에 나는 일주일에 하나씩 정기적으로, 그것도 정해진 요일에 팸플릿을 발표하려고 했다. 그렇지만 곧 필요한 주제를 필요한 시간에 발표하는 것이 훨씬 더 효과적이리라고 판단했다.

어디로 가는가, 청년들이여, 어디로 가는가, 학생들이여? 분노와 열정의 이름으로 시위하는 그대들, 분개한 양심의 외침을 만천하에 들려주려는 그대들, 무리를 지어 거리를 내달리는 그대들이여?

권력의 남용에 대해 항의하러 가는가, 그대들이여? 그런데 도대체 누가 정치적 술책과 일상적 비겁을 모르는 그대들의 새로운 영혼에 기대어 진실과 정의의 갈망을 더럽히고 있는

지 아는가, 그대들이여?

사회적 과오를 바로잡으러 가는가, 그대들이여? 이 세계의 행복한 자들의 운명과 불행한 자들의 운명이 만든 불평등의 저울에 대해 포효하는 젊음의 절규로써 항의하러 가는가, 그대들이여?

인류애에 넘치는 우리 민족의 고고한 관용 정신을 되살리기 위해 협애한 정신의 광신도 집단, 과학의 파산을 선언하면서 그대들의 자유로운 정신을 낡은 과오로 오도하는 광신도 집단을 야유하러 가는가, 그대들이여?

위선적이고 탈선적인 인물들의 집 앞에서 미래에 대한 그대들의 불굴의 확신, 그대들이 이끌 다음 세기, 정의와 사랑의 이름으로 세계의 평화를 실현할 다음 세기에 대한 그대들의 불굴의 확신을 외치러 가는가, 그대들이여?

"아니요, 아니요! 우리는 한 인간, 오래도록 성실하게 일했기에 문제없이 고귀한 대의를 지지할 수 있다고 생각한 한 노인, 조국 프랑스의 명예를 위해 진실을 밝히고, 오류를 바로잡을 수 있다고 생각한 한 노인[14]을 야유하러 가오!"

아! 젊은 시절 나 또한 라틴 구(區)[15]가 자신만만한 젊음의 열정, 자유를 향한 사랑, 정신을 짓밟고 영혼을 옥죄는 야만적 권력을 향한 증오로 몸부림치는 것을 보았다. 그리고 나는 제2제정하에서도 라틴 구가 ──가끔은 부당할 때도 있었지만——언제나 자유로운 해방 정신으로 용감하게 투쟁에 뛰어드는 것을 보았다. 라틴 구는 튈르리 궁전에 아첨하는 작가들을 야유했고, 수상쩍은 교육을 하는 교수들을 혹평했고, 암흑과 폭정에 찬동하는 자들에 맞서 싸웠다. 라틴 구에서는 이 대 청년들의 아름다운 광기가 신성한 불길로 활활 타올랐고, 그때마다 희망은 현실이 되었고, 내일은 완벽한 도시의 확실한 승리로 물들었다.

청년 학생들의 고귀한 열정의 역사 속으로 좀더 거슬러 올라가 보면, 우리는 언제나 그들이 불의 앞에서 분노하고, 가난한 자들, 버림받은 자들, 박해받는 자들을 위해 사나운 자들, 힘 있는 자들에 맞서 분연히 일어났다는 것을 알게 되리라. 청년 학생들은 또한 피압박 민족들을 위해, 예를 들면 폴란드를 위해, 그리스를 위해 시위했고, 잔혹한 군중이나 폭군의 지배 아래 괴로워하고 신음하는 사람들을 위해 투쟁했다. 라틴 구가 불타오를 때면 그 뒤에는 어김없이 열정에 휩싸여 물불을 가리지 않고 싸우는 정의의 청년들이 있었다. 거리에 넘쳐흐르는 거대한 청년의 물결, 이 얼마나 거룩한 자발성인가!

오늘의 청년 봉기의 이유 역시 위험에 빠진 조국, 반역자의 무리가 침략자에게 팔아넘긴 프랑스에 있음을 나는 잘 알고 있다. 그렇다. 이제 막 공공의 삶에 입문하는 이 청년들, 아무것도 그 올바른 이성을 흐리게 할 수 없는 이 새로운 영혼들에게서가 아니라면 도대체 어디서 사태에 대한 분명한 직관,

진실과 정의에 대한 본능적 감각을 찾을 수 있겠는가? 수년 동안의 음모로 타락한 정치가들, 직업상의 온갖 협잡으로 균형 감각을 잃은 언론인들이 가장 파렴치한 거짓을 받아들이고 눈부신 진실에 눈을 감는 것은 이해할 만하다. 그러나 청년들, 청년들이 벌써 타락의 길로 접어들어 가공할 오판 속에서 순수성과 정직성을 단숨에 더럽히고, 눈부신 하늘 아래 분명한 사실, 맑디맑은 사실을 향해 당당히 나아가지 않으니 이 어찌 한탄할 일이 아니겠는가!

이야기가 이보다 더 단순할 수는 없다. 한 장교가 유죄 판결을 받았고, 아무도 재판관들의 양식을 의심하지 않았다. 그들은 명백하다고 간주한 증거에 근거해 양심에 따라 그를 심판했다. 그런데 어느 날 한 사람이, 뒤이어 몇 사람이 의혹을 품었고, 마침내 그들은 가장 중요한 증거, 즉 재판관들이 공공연히 내세웠던 유일한 증거 문서가 실은 그 죄수의 작품이 아니라 다른 인물의 작품이라는 것을 확신하게 되었다. 그러자 그들은 그 사실을 공개했고, 당연히 죄수의 형이 그 다른 인물을 고발했다. 이것이 바로 새로운 소송이 제기된 과정인데, 이 소송은 아마도 첫 번째 소송의 재심을 초래할 것으로 보인다. 이 모든 것은 정녕 너무도 분명하고 정당하고 합리적인 것 아닌가? 여기에 반역자를 구하기 위한 무슨 계략, 무슨 검은 음모가 있단 말인가? 반역자의 존재를 부정하는 것이 아니다. 다만 반역죄를 속죄하는 것이 죄 없는 자가 아니라 죄 있는 자이기를 바랄 뿐이다. 그대들은 언젠가 반역자의 정체를 알게 되리라. 문제는 진범을 찾아 그대들 앞에 무릎 꿇리는 것이다.

약간의 양식을 가진 사람이라면 알 수 있지 않은가? 드레퓌스 사건의 재심을 요구하는 사람들에게 도대체 어떤 검은 동기가 있단 말인가? 어리석은 반유태주의 ──그 편집광적 고정관념에 의하면 유태인들이 돈의 힘으로 유태인 대신 기독교인을 저 어두운 감옥에 집어넣으려는 음모를 획책하고 있다 ── 를 버릴지니. 반유태주의는 지속되지 못하리라, 날조와 거짓은 곧 붕괴되리라, 세상 모든 재물이 세상 모든 양심을 살 수는 없으리라. 사법적 오판이 자연스럽게, 서서히, 엄청난 힘으로 확산되고 있는 현실을 직시하라. 이야기의 초점이 여기에 있다. 사법적 오판은 현실적으로 작용하는 힘이다. 그렇지만 몇몇 양심 있는 사람들이 진실에 대한 확신과 집념으로써 날이 갈수록 헌신적으로 행동하고 있고, 정의의 날이 올 때까지 그들의 재산과 생명을 바칠 각오를 하고 있다. 이것이 지금 우리 눈앞에 벌어지고 있는 사건에 대한 유일한 설명이다. 그 나머지는 오직 끔찍한 정치적·종교적 열정일 뿐이며, 비방과 욕설의 거대한 격류일 뿐이다.

인류애와 정의의 관념이 그들의 마음 저 깊은 곳에서 희미해져 가고 있으니, 훗날 청년들은 그 무슨 변명을 할 것인가! 12월 4일[16] 프랑스 의회는 수치로 물들었는데, 그날 의회는

"공공의 양심을 교란하는 가증스러운 캠페인을 이끈 주동자들을 단죄하자"는 의제를 투표로써 가결했던 것이다. 나는 훗날 내 글을 읽을 사람들을 위해 다시 한번 강조하건대, 이런 표결은 아름다운 관용의 나라에 전혀 어울리지 않으며, 지울 수 없는 역사의 오점으로 남을 것이다. 이른바 '주동자'들은 위대한 나라 프랑스를 죄 많은 나라, 이를테면 무고한 자가 끔찍한 고문으로 단말마의 고통을 겪는 나라로 만들어서는 안 된다는 애국적 확신 속에서 사법적 오판을 고발한 양심적이고 용기 있는 사람들이다. 이른바 '가증스러운 캠페인'은 그들이 내지르는 진실과 정의의 외침이며, 국민의 눈앞에서 프랑스를 인간적인 프랑스로, 지난날 자유를 구현했고 또 앞으로 정의를 구현할 인간적인 프랑스로 남게 하고자 하는 그들의 집념이다. 의회는 명백히 범죄를 저질렀다. 보라, 의회는 이제 청년 학생들마저 부패시킨 바 그 부패한 청년 학생들이 ——기만당하고, 거리에 내몰리고, 길을 잃은 채——이제껏 본 적이 없는 시위, 인간 영혼에 내재하는 보다 자랑스럽고, 보다 정직하고, 보다 신성한 모든 것에 반하는 시위를 하고 있다.

12월 7일 상원 회의 이후 사람들은 쉐레르케스트네르 씨가 겪었을 좌절에 대해서 말했다.[17] 아! 그렇다, 그의 가슴 속에서, 그의 영혼 속에서 얼마나 끔찍한 좌절이 일었던가! 나는 자신이 그토록 사랑했던 공화국의 모든 장점, 그리고 일생의 투쟁으로 지키고자 했던 공화국의 자유와 충성·정직·용기라는 남성적 덕목이 붕괴되는 것을 바라보면서 그가 겪었을 고뇌와 고통을 충분히 상상할 수 있다.

그는 고고한 노(老)세대의 마지막 인물 중의 하나이다. 제정시대를 거치면서 그는 불의 앞에서 입에 재갈이 물린 채 참담한 신음으로 독재 권력에 복종하는 국민이 어떻게 되는지를 분명히 보았다. 그는 짓찢기는 가슴으로 패전을 지켜보았다. 그는 패전의 원인이 무엇인지도 잘 알고 있었는데, 패전은 눈멀고 어리석은 폭정에서 비롯된 것이었다. 뒤이어 그는 국가를 폐허에서 재건하고 유럽에서 제자리를 찾게 하기 위해 가장 슬기롭게, 가장 뜨겁게 온몸을 바쳐 일했다. 그는 우리 공화국 프랑스의 영웅시대에 속하는 인물이다. 아마도 그는 과업을 강고하게 완수했다고 믿었으리라. 폭정은 영원히 물러가고 자유, 특히 개개의 양심이 다른 의견을 존중하는 가운데 자신의 의무를 다할 수 있게 하는 인간적 자유가 회복되었다고 믿었으리라.

아, 정말 그랬다! 모든 것은 회복될 수 있었다. 하지만 그때 모든 것이 다시 한번 나락으로 굴러 떨어졌다. 지금 그의 주변에는, 그의 내면에는 파멸의 상흔만이 보인다. 진실에 목말라 하는 것, 그것은 유죄이다. 정의를 갈구하는 것, 그것은 유죄이다. 잔혹한 독재 정치가 부활했고, 가장 무거운 재갈이 입에 채워졌다. 공공의 양심을 짓밟고 있는 것은 시저의 군화가 아니다. 정의의 열정으로 불타오르는 사람들을 죽이고 있는 것은 다름 아닌 의회이다. 말하지 말 것! 주먹이 진실을 지키려는 사람들의 입을 강타하고 있다. 선동당한 군중은 홀로 성실히 살아가는 사람들에게 침묵을 강요하고 있다. 자유로운 토론을 원천 봉쇄하기 위해 이토록 끔찍한 탄압이 조직적으로 자행된 적은 결코 없었다. 수치스러운 테러가 지배하고 있고, 가장 용감한 자들마저 겁쟁이로 전락하고 있고, 반역자, 배신자로 낙인찍힐까 두려워 아무도 자신이 생각하는 바를 감히 입 밖에 내려 하지 않고 있다. 정직한 몇몇 신문들도 어리석은 풍문으로 불안에 휩싸인 독자들 앞에 납작 엎드려 있다. 실로 그 어떤 국민도 이성과 품격을 되찾기 위해 이보다 더 혼란스럽고, 험난하고, 고통스러운 시간을 보낸 적은 없을 것이다.

안타깝게도 쉐레르케스트네르 씨의 순수하고 위대한 과거가 턱없는 모욕으로 더럽혀지고 있다. 그가 아직도 인간의 선의와 정직성을 믿는다면, 그것은 그가 지극히 낙관주의적인 세계관을 갖고 있기 때문이다. 삼 주 전부터 사람들은 매일 그를 진흙탕 속으로 끌고 다니면서 공명정대를 지향하는 그의 노년의 명예와 기쁨을 위협했다. 그 정직한 사람에게는 자신의 정직성의 죽음보다 더 비통한 슬픔이란 없다. 사람들은 내일을 향한 그의 신념을 말살하고 있고, 그의 희망을 독살하고 있다. 만일 지금 당장 그가 죽는다면 이렇게 말하지 않을까. "끝났어, 아무것도 남지 않았어, 나의 선행은 나와 함께 땅속에 묻힐 테지, 미덕이란 이름일 뿐이야, 세상은 어둡고 텅 비어 있어!"

애국주의를 선동하기 위해 사람들은 의회 내에서 알자스로렌[18] 지방을 실질적으로 대표하는 쉐레르케스트네르 씨를 선택한 것이다! 나라를 팔아넘긴 자요, 반역자요, 군대의 비방자인 그의 이름은 가장 의심 많은 자들의 불안을 자극하기에 안성맞춤이었으리라! 그는 자신이 지닌 알자스인 특유의 기질, 자신이 지닌 열렬한 애국자로서의 명성이 정의를 수호하는 자신의 역할과 자신의 선의에 대한 보증 수표라고 믿었음에 틀림없다. 그가 이 사건을 떠맡은 것은 지체 없는 결론이야말로 군대의 명예, 조국의 명예를 구하는 지름길이라고 믿었기 때문이다. 사건을 몇 주일 더 끌어보라, 애써 진실을 질식시키고 정의를 외면해보라, 그러면 그대들은 이내 우리가 온 유럽의 웃음거리가 되었음을, 프랑스가 유럽의 말단국가가 되었음을 알게 되리라!

안 된다, 절대로 안 된다! 어리석은 정치적·종교적 열정은 눈 감은 채 돌진하고 있고, 우리의 청년 학생들은 쉐레르케스트네르 씨를 일컬어 군대를 모욕하고 조국을 위태롭게 한 반역자, 나라를 팔아넘긴 자라고 하고 있으니 이 어찌 눈을 뜨고 바라볼 것인가!

물론 나는 시위를 하는 몇몇 학생들이 전체 학생을 대표할 수 없다는 것을, 거리에 나와 소요를 일으키는 백여 명의 떠돌이들이 근면하게 제자리를 지키는 만 명의 노동자들보다 더 큰 소리를 낸다는 것을 잘 알고 있다. 그러나 백여 명도 이미 너무 많은 숫자 아닐까? 아무리 소수라고 하더라도 그런 소동이 이 시간 라틴 구에서 일어날 수 있다니, 이 얼마나 비통한 징조인가!

 반유태주의적 청년 학생들의 무리, 정녕 그런 것이 존재한단 말인가, 그런 것이? 그 어리석은 독약이 벌써 새로운 두뇌들, 새로운 영혼들을 좀먹었단 말인가? 그렇다면 다가올 20세기를 위해 이 얼마나 큰 슬픔이며, 이 얼마나 큰 불안인가! 인권선언을 한 지 백 년, 관용과 해방의 지고한 운동이 끝난 지 백 년이 지난 지금 우리는 종교 전쟁의 시대, 가장 가증스럽고 가장 어처구니없는 광신의 시대로 되돌아가고 있단 말인가! 물론 역사적으로 그런 역할을 떠맡은 자들, 더러운 탐욕에 물든 자들이 그런 행동을 하는 것은 얼마든지 이해할 수 있다. 그러나 눈부신 다음 세기를 장식할 온갖 자유와 온갖 권리의 개화를 위해 태어난 청년 학생들의 경우라면 진정 이야기가 다르지 않은가! 그들은 모두가 기대하는 일꾼들 아닌가, 그런 그들이 벌써 반유태주의자를 자처하다니, 다시 말해 민족이 다르고 신념이 다르다는 이유로 유태인을 학살함으로써 한 세기를 시작하려 하다니, 이 얼마나 통탄할 일인가! 이것이 우리의 꿈의 도시, 평등과 박애의 도시를 건설하기 위한 아름다운 첫걸음이란 말인가! 청년 학생들이 진정 이 지경이라면, 그것은 흐느껴 울 일이요, 모든 희망, 모든 인간 행복을 단념해야 할 일이다.

오, 청년, 청년들이여! 간청하건대 그대들을 기다리는 위대한 과업을 생각하라. 그대들은 저물어가는 금세기가 던진 진실과 정의의 문제를 해결할 다음 세기, 그 세기의 든든한 토대를 다질 미래의 일꾼들이다. 늙어가는 우리 기성세대는 그대들에게 엄청난 양의 조사 자료, 아마도 수많은 모순과 의문, 하지만 진실의 빛을 찾기 위해 시도한 역사상 가장 열정적이었던 노력, 가장 정직하고 가장 견고한 자료, 그리고 명예와 행복을 위해 그대들이 계속 건설해야 할 장엄한 과학의 성전의 초석을 남기리라. 우리의 유일한 소망은 그대들이 좀 더 큰 관용과 자유의 정신을 갖추고, 정상적 삶에 대한 사랑 속에서, 눈부신 태양 아래 넘쳐흐르는 기쁨의 수확물을 잉태한 대지와 인간의 풍요를 위한 노력 속에서 우리를 앞서가는 것이다. 그대들이 우리를 뒤잇고 우리의 꿈을 실현시킬 것임을 확신할 때, 그때 우리는 과업을 완수하고 맞는 죽음의 달콤한 잠 속에서, 소멸하는 행복 속에서 그대들에게 우리의 자리를 정겹게 물려주리라.

청년, 청년들이여! 지금 이 시간 그대들이 향유하는 자유를 지키기 위해 그대들의 아버지가 겪은 고통, 그들이 이겨내야 했던 끔찍한 전투를 기억하라. 그대들이 스스로를 독립적인 존재라고 느낀다면, 그대들이 어디든지 가고 싶은 곳을 가고, 자신의 생각을 언론에 말하고, 자신의 의견을 소유하고 또 그것을 공공연히 표명할 수 있다면, 그것은 그대들의 아버지가 피와 지성으로 그 대가를 치렀기 때문이다. 그대들은 폭정하에서 태어나지 않았다. 그대들은 매일 아침 주인의 군홧발에 가슴이 짓눌린 채 잠에서 깨는 것이 무엇인지를 모른다. 그대들은 독재자의 총칼을, 사악한 심판관들의 비수를 피하기 위해 몸부림쳐본 일이 없다. 그대들의 아버지에게 감사드리라. 그리고 거짓을 쌓는 범죄, 잔인한 무력과 광신도의 무자비와 야심가들의 탐욕으로 선전 선동하는 범죄를 저지르지 마라. 독재는 한계에 이르렀다.

청년, 청년들이여! 언제나 정의와 함께 있으라. 그대들의 내면에서 정의의 관념이 희미해지는 날, 그대들은 파멸하리라. 지금 나는 사회적 관계의 보장에 지나지 않는 '법전'의 정의를 말하고 있는 것이 아니다. 물론 그것도 존중해야 하리라. 그러나 좀더 숭고한 관념, 모름지기 인간의 판결이 잘못될 수도 있음을 원칙적으로 인정하는 정의, 심판자들을 모욕하지 않으면서 기결수의 무죄의 가능성을 인정하는 정의가 있다. 그렇다면 그것 또한 법을 향한 그대들의 불타는 열정을 자극하는 모험이 아닌가? 아직 이해관계나 인간관계가 뒤얽힌 이전투구(泥田鬪狗)에 휩싸이지 않은 그대들, 아직 어떤 비열한 사건에도 연루되지 않은 그대들, 순수와 선의로 목청껏 외칠 수 있는 그대들이 아니라면, 도대체 누가 정의의 완성을 위해 일어날 것인가?

청년, 청년들이여! 인간성을 지켜라, 관용을 잃지 마라. 설령 우리가 틀렸을지라도, 우리와 함께 있으라. 무고한 자가 끔찍한 형벌을 당하고 있고, 분노에 찬 우리의 가슴이 고통으로 찢어졌다고 우리가 그대들에게 말하지 않는가. 비록 한 순간일망정 이 한없는 형벌 앞에서 사람들이 오류의 가능성을 인정하기를 간절히 바란다. 가슴이 미어지고, 두 뺨에 눈물이 흐른다. 물론 간수들은 여전히 무정하고 무감하기 그지없다. 하지만 그대들, 눈에는 눈물이 고여 있고, 온갖 비참과 온갖 연민에 민감한 그대들은 어찌된 일인가! 이 세상 어딘가에 부당한 증오를 받으며 죽어가는 순교자가 있을 때, 그대들이 어떻게 그의 대의를 지키고 그를 해방시키기 위해 기사도 정신을 발휘하지 않을 수 있단 말인가? 그대들이 아니라면, 도대체 누가 숭고한 모험을 감행할 것이며, 도대체 누가 위험하지만 훌륭한 대의 속에 몸을 던질 것이며, 도대체 누가 이상적 정의의 이름으로 군중에 대항할 것인가? 만일 늙은 기성세대가 그대들의 고귀한 혈기, 고귀한 열정을 대신 불태운다면, 그대들은 얼마나 부끄러울 것인가?

청년들이여, 어디로 가는가, 학생들이여, 어디로 가는가? 거리로 내달리는 그대들, 시위의 물결을 이룬 그대들, 시대의 혼란 속으로 스무 살의 용기와 희망을 던지는 그대들이여…….

"이제 우리 함께 가오, 인간과 진실과 정의의 세상을 향하여!"

프랑스에게 보내는 편지

이 글은 팸플릿으로 제작되어 1898년 1월 6일 판매되었다.

이 글은 팸플릿 제작 계획의 두 번째 결실이다. 당시 나는 팸플릿 시리즈가 꽤 길어질 것으로 예상했다. 내 입장에서는 팸플릿이라는 출판 형식이 무척 마음에 들었는데, 왜냐하면 이런저런 간섭으로부터 자유로울 수 있었고 책임도 나 혼자 지면 그만이었기 때문이다. 특히 신문 매체가 강요하는 분량의 축소에 신경 쓸 필요가 없어 더욱 좋았다. 팸플릿을 통해 나는 내 생각을 맘껏 펼칠 수 있었다. 사건은 시시각각 확대되어갔다. 나는 사건의 확대를 지켜보면서 진실 규명과 정의 구현을 위해 끝까지 싸우고, 모든 것을 말할 각오를 했다.

우리 모두 참담한 정신적 혼란을 겪고 있는 이 시간, 공공의 양심이 무너져가는 듯한 이 시간 나는 프랑스, 나의 국가, 나의 조국 그대에게 편지를 쓴다! 매일 아침 신문을 통해 그대가 이 비통한 드레퓌스 사건에 대해 무슨 생각을 하는가를 읽으면서 나는 더 많이 놀라고 더 강한 반항심을 품게 된다.

도대체 이게 어찌된 일인가? 프랑스, 그대가 뻔한 거짓을 알면서도 사악한 무리와 더불어 소수의 정직한 사람들을 곤경으로 몰아넣다니, 그대의 군대가 모욕을 당하고 그대를 적에게 팔아넘기려는 음모가 꾸며지고 있다는 말도 안 되는 협박에 벌벌 떨다니, 도대체 이게 어찌된 일인가? 지금 그대의 자식들 중 가장 슬기롭고 가장 충성스러운 이들은 정녕 그대가 유럽인들의 눈에 여전히 명예의 나라로, 인류애와 진실과 정의의 나라로 남기를 간절히 바라고 있다.

그렇다, 그건 사실이다, 대다수 국민들, 특히 대다수 하층민들, 도시 빈민들, 그리고 거의 모든 지방 주민들은 자료를 볼 기회도 없고 깊이 생각할 시간도 없기 때문에 언론이 유포하는 관점과 견해를 그대로 받아들이고 있다. 도대체 무슨 일이 있었던 것일까? 프랑스여, 도대체 어떻게 그대의 국민이, 그대의 선량하고 양식 있는 국민이 끔찍한 공포를 조장하고 참혹한 만행을 저지르는 것일까? 우리는 무고한 한 인간이 가장 무자비한 고통을 당하고 있다는 것과 사건의 재심이 요구하는 물질적·정신적 증거가 확보되어 있다는 것을 그대의 국민에게 고했다. 그럼에도 불구하고 그대의 국민은 격렬하게 진실 규명을 거부하고 광신자들과 무뢰한들의 편에, 시체를 땅속에 묻는 데 혈안이 된 사람들의 편에 서 있지 않은가, 예전 같으면 한 사람의 죄수를 구하기 위해서 바스티유 감옥이라도 파괴했을 그대의 국민이 말이다!

그대를 사랑하고 그대의 명예와 위대함을 기리는 사람들의 영혼에 깃든 이 깊은 슬픔과 고통이 보이는가, 프랑스여! 나는 그대의 국민이 몰고 온 이 격랑의 바다 위로 몸을 기울이고, 그대의 가장 눈부신 영광을 휩쓸어갈 폭풍의 원인이 무엇인지 자문한다. 아무것도 이보다 더 치명적이지 않을 텐데, 내 눈에는 더할 나위 없이 불안한 징후들이 보인다. 나는 감히 모든 것을 말할 것이다. 왜냐하면 나는 일평생 오직 한 가지 정열, 즉 진실의 열정으로 살아왔기 때문이다. 이번에도 나는 내 열정에 충실히 임하고자 한다.

  그대는 암흑과도 같은 완고한 여론 속에 위험이 도사리고 있다는 것을 아는가? 수많은 신문들이 연일 여론은 드레퓌스의 무죄를 원하지 않는다고, 그의 유죄는 조국의 구원을 위해 필요불가결하다고 되뇌고 있다. 저 높은 곳에 있는 자들이 진실을 감추기 위해 궤변을 늘어놓는 것을 그대로 둔다면, 그대 또한 얼마나 큰 죄인이 될지 생각해보았는가? 범죄를 의도한 것도, 범죄를 강요한 것도 그대 프랑스라고 지목되는 날, 그대는 엄청난 책임을 지게 되리라! 그러므로 프랑스여, 그대를 사랑하고 그대를 숭배하는 그대의 아들들은 이 절체절명의 시각에 단 한 가지 뜨거운 의무만을 지고 있으니, 그것은 맹렬히 여론에 호소하고, 여론을 계몽하고, 여론을 올바른 길로 되돌리고, 여론을 맹목적 열정 때문에 빠진 오류로부터 구하는 것이다. 지금 이보다 더 유용하고, 이보다 더 성스러운 과업은 없다.

아! 그렇다, 전심전력을 다해 나는 힘없는 사람들, 가난한 사람들, 어쩔 수 없이 중독되고 오도된 사람들에게 말하리라. 이것만이 내 유일한 사명이다. 나는 그들에게 진실로 조국의 영혼, 조국의 강력한 힘, 조국의 확실한 승리가 어디에 있는지 외치리라.

사태가 어디까지 왔는지 보라. 이제 막 새로운 한 걸음이 떼어졌다. 에스테라지Ferdinand Walsin Esterhazy 소령이 군사법정에 소환된 것이다. 애초에 내가 말한 대로, 진실은 전진하고 있다, 그리고 아무것도 그 발걸음을 멈추게 할 수 없으리라. 사악한 무리들의 방해에도 불구하고, 소중한 전진이 한 걸음 한 걸음 적시에 이루어지리라. 진실은 그 자체로 온갖 장애물을 분쇄할 힘을 지니고 있다. 사람들은 진실이 가는 길을 가로막고, 또 얼마간 진실을 땅속에 묻어두는 데 성공할 수 있으리라. 하지만 그때에도 진실은 땅속에서 자라며, 땅속에서 엄청난 힘을 얻고, 어느 날 폭발의 굉음과 함께 모든 것을 날려버리리라. 앞으로 몇 달 더 거짓과 밀실 속에 진실을 가두어보라, 그러면 그대들은 더할 나위 없이 무서운 재앙을 준비했음을 곧 알게 되리라.

목하 진실이 전진함에 따라 진실의 전진을 부정하려는 거짓도 쌓여가고 있다. 그보다 더 의미심장한 것은 아무것도 없다.

사전 조사를 담당한 펠리외Georges Gabriel de Pellieux 장군이 에스테라지 소령의 유죄 가능성을 인정하는 보고서를 제출했을 때, 비열한 언론은 소시에Félix Saussier 장군──언론에 따르면 그는 에스테라지 소령의 무죄를 확신하고 있다──이 그를 군사 법정에 회부하려는 것은 오히려 에스테라지 소령의 뜻에 따라 무죄를 확실히 하기 위해서일 뿐이라고 거짓말을 해댔다. 지금 언론은 한술 더 뜨고 있다. 세 명의 필적 전문가들이 명세서의 작성자로 다시 드레퓌스 대위를 지목했기에 라바리Alexandre Ravary 소령은 사전 조사 보고서에서 면소(免訴)의 필요성을 제기했지만, 오히려 법정에서 진실을 가리고 싶어 하는 에스테라지 소령이 재판을 요구함으로써 소시에 장군에게 고역을 강요했다는 것이 언론의 주장이다.

이거야말로 코미디의 결정판이 아닌가! 그대들의 눈에는 사건을 지휘하고, 판결을 유도하는 그 피고가 보이는가? 그대들의 눈에는 두 번의 조사 후에도 여전히 무죄를 선고받는 자, 사람들이 허구적 코미디와 사법적 피날레를 통해 구원하려 애쓰는 자가 보이는가? 재판은 무고한 자를 심판하기 위해 열리는 것이 아니므로 석방은 불을 보듯 확실하다는 주장이야말로 재판을 모독하는 것이리라. 적어도 논쟁이 시작되기도 전에 막후에서 판결이 결정되어서는 안 된다. 에스테라지 소령이 군사 법정에 소환되어 있는 이상, 진정 나라의 명예를 위해 호사가들의 흥미를 부추기는 단순한 퍼레이드가 아니라 진실로 진지한 재판이 되기를 바라자. 가련한 나의 프랑스여, 세상이 그대를 너무도 어리석다고, 세상이 그대를 졸음에 빠진 바보라고 말해도 좋단 말인가?

비열한 언론이 유포하는 정보, 그대의 눈을 멀게 하기에 충분한 그 정보는 모두 거짓일 뿐이다. 나는 명세서의 필적과 에스테라지 소령의 필적의 절대적 동일성을 한번 쓱 보고 부정해버린 세 명의 필적 전문가들을 공식적으로 불신하는 바이다. 지나가는 어린아이를 붙들고서 두 필적을 제시해보라, 그러면 어린아이는 이렇게 대답할 것이다. "두 글씨를 쓴 사람은 똑같은 사람이에요." 필적 전문가도 필요 없다, 누구든 한번만 보라, 몇몇 낱말의 동일성이 대번에 눈에 띌 것이다. 그리고 사실상 에스테라지 소령 자신이 두 필적 사이의 놀라운 유사성을 인정했고, 그 사정을 설명하기 위해 누군가가 그의 필체를 베꼈음이 틀림없다고 주장했다. 실로 집요하고도 유치한 변명인데, 언론은 몇 주일 동안 이 변명을 정당화하고 있다. 그리고 그들은 세 명의 필적 전문가들을 데리고 와서 마침내 명세서가 드레퓌스의 것이 틀림없음을 다시 선언하게 하고 있는 것이다! 아! 안 된다, 대명천지에 이럴 수는 없는 법이다, 양심 있는 사람들이여, 두 손 모아 바라건대 분연히 떨쳐 일어나라!

몇몇 신문들은 한 걸음 더 나아가 명세서는 배제될 것이며, 법정에서 공방의 대상조차 되지 않으리라고 공언하고 있다.

그렇다면 무엇이 공방의 대상이 되어야 하며, 왜 재판이 열려야 하는가? '사건'의 열쇠는 바로 다음과 같은 사실에 있다. 만일 드레퓌스가 다른 사람이 쓴 한 장의 문서, 더욱이 그 다른 사람을 처벌하는 증거가 되기에 충분한 한 장의 문서 때문에 처벌받았다면, 재심이 이루어지는 것은 지극히 정당하다. 왜냐하면 한 명이 범죄를 저질렀는데 두 명이 처벌받을 수는 없기 때문이다. 드망주Demange 부인이 거듭 공언하는 것처럼, 그녀는 명세서만을 전달받았고, 드레퓌스는 바로 그 명세서 때문에 법적으로 처벌받았다. 설령 백보 천보 양보해서 일련의 비밀문서의 존재를 인정한다 하더라도 ──개인적으로 나는 전혀 인정할 수 없지만── 일반인에게 알려진 유일한 증거인 명세서가 다른 사람의 손에 의해 씌어졌다는 사실이 밝혀지면 감히 누가 재심을 거부할 수 있을 것인가? 그들이 한마디로 '사건' 그 자체인 명세서 주변에 거짓의 방벽을 쌓아가는 것은 바로 이런 이유에서이다.

그러므로 주목해야 할 것은 다음과 같은 사실이다. 대부분의 여론은 매일 아침 언론이 퍼뜨리는 이 거짓말, 이 기괴하고 어리석은 뜬소문에서 비롯된 것이다. 그 책임을 물을 시간이 반드시 올 것이며, 그때 세계만방에 우리의 명예를 실추시킨 비열한 언론은 그 대가를 치러야 할 것이다. 몇몇 신문이 사악한 역할을 충실히 수행했다. 이 신문들은 오직 흙탕물만을 실어 날랐다. 그런데 이 신문들 가운데서 예컨대

〈레코 드 파리L'Echo de Paris〉를 목격하는 것은 얼마나 놀라운 일이며, 얼마나 슬픈 일인가! 그토록 빈번히 사상의 전위에 섰던 그 문학적 신문이 드레퓌스 사건에서 그토록 개탄할 역할을 수행하다니 말이다. 폭력적 단평, 추악한 편견에는 서명조차 없다. 그러나 이 단평과 편견의 뒤에 드레퓌스의 처벌이라는 가공할 범죄를 저지른 사람들이 도사리고 있음은 삼척동자도 다 안다. 발랑탱 시몽Valentin Simond 씨는 이 단평과 편견이 자신의 신문을 오욕으로 뒤덮지 않을까 걱정하고 있기는 하다. 그런데 그 태도가 진정 정직한 사람들의 양심을 아프게 하는 신문이 있는데, 그 이름은 〈르 프티 주르날Le Petit Journal〉이다. 수천 부를 찍는 군소 신문들이 판매 부수를 늘릴 목적으로 고함을 지르고 거짓을 입에 담는 것은 그래도 이해할 수 있는 일이며, 제한적 악일 뿐이다. 그러나 백만 부를 상회하는 판매 부수를 자랑하는 〈르 프티 주르날〉, 방방곡곡의 갑남을녀들에게 읽히는 〈르 프티 주르날〉이 오류를 퍼뜨리고 여론을 오도하는 것은 실로 심각한 재앙이 아닐 수 없다. 수많은 영혼을 계도해야 하고 만백성을 이끌어야 하는 목자(牧者)의 경우 양심과 지성과 성실성을 갖추지 않으면 안 된다. 그렇지 않을 때 그는 자칫하면 공민적 범죄자로 전락하고 만다.

프랑스여, 그대를 휩쓰는 광풍 속에서 제일 먼저 내 눈에 띄는 것, 그것은 언론이 매일 아침 그대에게 전하는 얼치기

콩트, 저열한 욕설, 도덕적 타락으로 얼룩진 거짓의 방벽이다. 그들이 그대의 온갖 전설적 미덕, 투명한 지성, 견고한 이성을 이 지경으로 박살낸 지금, 어떻게 그대가 진실과 정의를 구현할 수 있겠는가?

  그런데 훨씬 더 심각한 사실들, 즉 모름지기 관찰하고 판단할 줄 아는 사람들에게 지금 그대가 겪고 있는 이 위기를 실로 끔찍한 교훈으로 남기게 될 수많은 조짐들이 있다. 드레퓌스 사건은 어쩌면 하나의 빌미일 뿐이다. 지금은 그대가 중요한 위기를 맞을 때마다 택했던 행동 양식, 즉 고백이 필요한 시점 아닐까. 건강해 보이는 사람의 피부에도 어느 날 문득 반점이 생기는 법이다. 그대 속에 죽음이 도사리고 있다. 그대의 정치적 중독은 이제 막 그대의 얼굴에 그 징후를 드러냈다.

  대체 그대는 왜 사람들이 그대의 군대를 모욕한다고 외치게 하고 그대 스스로도 외쳤던 것일까? 실제로는 그 반대로 열렬한 애국자들이 그대의 군대의 품위와 명예를 지키고자 애쓰고 있는데 말이다. 그대의 군대, 오늘날 그것은 그대 자신이다. 그것은 문제의 장성, 문제의 장교, 문제의 위계질서가 아니라 프랑스 영토를 지킬 만반의 준비가 되어 있는 그대의 자식들이다. 잠시라도 자기반성을 해보라. 그대가 지키고자 한 것이 진정 그대의 군대였을까? 도대체 누가 군대를 공격했단 말인가? 그대가 환호와 갈채 속에서 맞이하고 싶었던 것은 정녕 총칼이 아니었을까? 모욕당했다고 일컬어지는 장군들에게 쏟아지는 요란한 환호와 갈채 속에 무의식적인 불랑제주의boulangisme[19])가 잠재하고 있음이 내 눈에는 보인다. 그대가 여전히 앓고 있는 그 불랑제주의 말이다. 사실 그대에게는 아직도 공화국의 맑은 피가 없다. 군모의 깃털장식이 그대의 가슴을 두근거리게 하고, 언제라도 그대는 왕정과 사랑을 나눌 준비가 되어 있다. 그대의 군대, 아 그렇고 말고, 그대는 전혀 그대의 군대를 걱정하지 않고 있다! 그대가 잠자리 속으로 끌어들이고자 하는 것은 바로 장군일 뿐이다. 드레퓌스 사건이라니, 얼마나 가증스러운 억지 코미디인가! 비요Jean-Baptiste Billot 장군이 의회에서 환호와 갈채를 받았을 때, 그때 나는 벽 위에 어른거리는 총칼의 그림자를 보았다. 프랑스여, 조심하지 않으면 그대는 독재의 길을 걷게 되리라.

프랑스여, 그대는 아직도 그대가 어디로 가고 있는지 모르겠는가? 그대는 바로 '교회'로 가고 있다. 그대는 과거, 가장 총명한 그대의 자식들이 피와 지성으로 물리친 바 있는 배척주의와 신정정치의 과거로 회귀하고 있다. 오늘날 반유태주의의 책략은 간단하기 짝이 없다. 가톨릭 교회는 민중들에게 영향력을 행사하고 노동자들을 묶어내고 성지 순례를 활성화하려 했지만 허사였고, 민중의 마음을 다시 얻고 민중을 제단 앞에 무릎 꿇리고자 했지만 실패했다. 그것은 결정적인 것이었다. 교회는 황량해졌고, 민중은 더 이상 신을 믿지 않았다. 그런데 상황이 민중에게 반유태주의적 광기를 불러일으켰고, 광신주의에 중독되게 했으며, 거리로 뛰쳐나가 이렇게 외치게 했다. "유태인을 타도하자! 유태인을 죽이자!" 새로운 종교전쟁이 시작된다면, 교회로서는 얼마나 큰 승리일까! 물론 민중은 여전히 신을 믿지 않는다. 그러나 중세의 배척주의를 다시 실천하고, 유태인을 공공 광장에서 불태우는 것이야말로 신앙의 시작이 아닐까? 독약이란 바로 그런 것이다. 민중이 광신도와 망나니가 되고, 민중의 가슴 속에서 관용과 인권에 대한 사랑이 사라졌을 때, 그때 신이 나머지 모든 일을 처리해주리라.

물론 우리에게는 교회의 반동을 제압할 용기가 있다. 그렇지만 교회의 반동은 도처에 도사리고 있다. 그것은 정치, 예술, 언론, 그리고 거리에서 폭발하고 있다! 사람들은 오늘 유태인들을 박해하고 있다. 내일은 프로테스탄트들의 차례가 될 텐데, 그 캠페인은 이미 시작되었다. 공화국은 온갖 보수 반동들에 의해 점령당했다. 그들은 문득 끔찍한 사랑으로 공화국을 찬미하고 있고, 공화국을 너무나도 힘차게 껴안아 질식시켜 죽이려 하고 있다. 도처에서 자유의 사상이 파산하는 소리가 들린다. 드레퓌스 사건이 터졌을 때, 자유에 대한 점증하던 증오는 마침내 특별한 기회를 맞이하게 되었고, 별

의식 없는 사람들조차 타오르는 열정에 휩싸이기 시작했다. 사람들이 광기와 더불어 쉐레르케스트네르 씨에게 몰려갔던 것, 그것은 그가 자유를 믿고 자유를 갈망하는 세대의 일원이기 때문이라는 것을 그대들은 정녕 모른단 말인가? 오늘날 사람들은 어깨를 으쓱하며 비웃곤 한다. 수염 기른 늙은이들, 낡은 영감들이라고. 그의 패배는 곧 공화국의 창설자들, 이미 죽은 사람들, 보수 반동들이 진창 속에 매장하려 했던 사람들의 파멸을 마무리하는 결과에 이르리라. 그들은 총칼과 싸웠고, 그들은 교회로부터 자유를 쟁취했다. 그런데 오늘 쉐레르케스트네르라는 위대한 양심적 인간이 날강도로 점 찍혀 있는 것이다. 그를 오욕의 늪 속에 빠뜨려 죽이면 공화국 역시 더럽혀지고 소멸하리라는 게 소위 보수 반동들의 생각이다.

또한 드레퓌스 사건은 의회가 만든 수상쩍은 요리를 백일하에 자랑하고 있는데, 이것은 의회주의를 더럽히고, 결국에는 의회주의를 말살하게 될 것이다. 드레퓌스 사건은 유감스럽게도 입법부의 임기 말에, 즉 다음 입법부 구성을 불과 삼사 개월 앞두고 터졌다. 행정부는 당연히 선거를 치르기를 원했으며, 국회의원들은 간절히 재선되기를 원했다. 지갑을 잃기보다는, 말하자면 재선의 기회를 위협받기보다는 차라리 모두들 극단적 행동을 할 결심을 했다. 조난자들은 구원의 판자에 필사적으로 매달리게 마련이다. 바로 이것이 다음의 모든 사태를 설명한다. 한편 드레퓌스 사건에서 행정부가 취한 기이한 태도, 행정부의 침묵, 행정부의 딜레마, 진실을 밝힐 책임이 있음에도 불구하고 오히려 나라를 사기극의 희생물이 되도록 방치함으로써 행정부가 저지른 죄악. 다른 한편 아무것도 모르는 척하는, 반유태주의자들이라고 여겨지는 민중을 잃음으로써 재선이 위태로워질까 전전긍긍하는 국회의원들의 사리사욕. 그들은 거침없이 그대들에게 이렇게 말하고 있다. "아! 선거만 끝나면 정부와 국회가 24시간 안에 드레퓌스 문제를 해결할 텐데!" 의회의 저질적 술책이 한 위대한 국민을 이토록 전락시키고 있는 것이다!

프랑스여, 그대의 여론이 무엇으로 이루어져 있는지 똑똑히 보라. 그대의 여론은 총칼에 대한 소망, 그대의 발걸음을 수세기 전으로 되돌리려는 성직자들의 반동, 그대를 지배하고, 그대를 요리하고, 그 요리상을 떠나지 않으려는 사람들의 탐욕스러운 야심으로 이루어져 있다!

청컨대 프랑스여, 위대한 프랑스로 남으라, 원래의 그대로 되돌아가라, 원래의 그대를 되찾으라.

파나마 사건과 드레퓌스 사건이라는 두 불행은 모두 반유태주의의 작품이다. 어떤 밀고에 의해, 어떤 가증스러운 모략에 의해, 어떤 서류 날조와 서류 탈취에 의해 비열한 언론이 파나마 사건을 수년 동안 나라의 끔찍한 종양으로 만들었는지 기억하라. 언론은 여론을 공포와 불안 속으로 몰아넣었었다. 독약에 취한 국민은 적신호를 보자마자 가혹한 청산을 요구했고, 썩은 국회의 처단을 강요했다. 아! 아르통Arton[20]이 돌아온다면, 그리고 그가 입을 연다면! 그런데 그가 돌아왔고, 그가 입을 열었다. 그러자 별안간 돌아선 여론이 더 이상 유일한 죄인[21]을 의심하지 않고 일제히 그의 석방을 요구했을 정도로 비열한 언론의 온갖 거짓이 백일하에 드러났다. 물론 나는 그 당시 모든 양심이 다 순수하지는 않았으리라고 상상한다. 거대 기업들이 큰돈을 주무를 때 세상 어느 의회에서든 일어날 수 있는 일이 우리나라에서 일어났다. 그런데 여론이 마침내 비열한 자들에 대해 구역질을 느꼈던 것이다.[22] 그들이 너무 많은 사람들을 더럽혔고 너무 많은 것을 비난했기에, 여론은 맑은 공기에 몸을 씻고 만인의 무죄를 믿고 싶은 강렬한 욕망에 사로잡혔던 것이다.

자! 예고하건대, 반유태주의의 또 다른 사회적 범죄인 드레퓌스 사건의 경우에도 똑같은 일이 일어날 것이다. 또다시 비열한 언론은 거짓과 모략으로 여론을 너무도 더럽히고 있다. 언론은 너무도 빈번히 정직한 사람들을 불한당으로 탈바꿈시키고, 불한당들을 정직한 사람으로 탈바꿈시키고 있다. 언론은 어린애들도 더 이상 믿지 않을 어리석은 이야기들을 너무도 많이 퍼뜨리고 있다. 언론은 너무도 많은 반발을 불러일으키고 있고, 상식과 정직의 반대쪽을 향해 너무도 멀리

가고 있다. 이것은 치명적인 것이다. 여론을 너무 오래 진흙탕 속에 두면, 여론은 어느 이른 아침 돌연 몸을 일으켜 자신의 구토를 폭발시킬 것이다. 파나마 사건의 경우와 마찬가지로 드레퓌스 사건의 경우에도 여론은 전심전력을 다해 단 한 명의 반역자도 남지 않도록 할 것이며, 주권자의 용맹을 발휘하여 진실과 정의를 요구할 것이다. 그리하여 반유태주의는 나라의 품위와 건강을 상실케 한 두 치명적 사건과 관련하여 심판받고 또 단죄받을 것이다.

그러니 청컨대 프랑스여, 더 이상 기다리지 말고 원래의 그대로 되돌아가라, 원래의 그대를 되찾으라. 진실, 새삼 그대에게 그것을 말할 필요가 있을까, 어쨌든 법정은 정식으로 제소를 받은 상태이며, 법정이 진실을 밝히리라고 믿어야 하지 않을까. 재판관들만이 발언권을 가지고 있는 바, 우리가 발언해야 할 의무는 오직 그들이 진실을 온전히 밝히지 않을 때에만 발생할 것이다. 하지만 너무도 간단한 진실, 처음에 오판이 저질러졌고, 그 다음에 그 오판을 숨기기 위해 온갖 오류가 저질러졌다는 것, 그대는 그것을 의심하는가? 밝혀진 사실관계가 너무도 분명히 진실을 말했고, 조사의 각 단계는 하나의 자백과도 같았다. 설명할 수 없는 보호 벽으로 둘러싸인 에스테라지 소령, 모욕에 젖어 죄인으로 취급받는 피카르 중령, 애매한 말장난으로 일관하는 각료들, 거짓말을 떠벌리는 무익한 신문들, 느릿느릿 암중모색만을 일삼는 예심(豫審). 그대는 악취가 나고, 시체 냄새가 나고, 파리의 날강도들에게 보호받기 위해 누군가 많은 것을 숨기고 있다는 게 느껴지지 않는가? 그리고 그대는 수많은 정직한 사람들이 말없이 진실의 빛이 비치기를 기다리고 있다는 게 느껴지지 않는가?

프랑스여, 잠을 깨라, 그대의 영광을 생각하라. 어떻게 그대의 자유주의적 부르주아지, 그대의 해방된 민중이 이 위기 속에서 자신을 휘감는 정신 착란이 무엇인지 모를 수 있단 말인가? 나는 그들이 공범자라고 생각하지 않는다. 그들은 기만당했을 뿐인데, 왜냐하면 그들은 배후에 무엇이 도사리고 있는지를 알아차리지 못하고 있기 때문이다. 그것은 한편 군사 독재이며, 다른 한편 성직자들의 반동이다. 프랑스여, 정녕 그대가 원하는 일이 그토록 비싼 값을 치르고 얻은 모든 것, 즉 종교적 관용, 만인 평등의 정의, 모든 시민의 우정 어린 연대 등을 위태롭게 하는 것인가? 드레퓌스에게 유죄의 혐의를 두고 드레퓌스에게 고통을 안기는 것, 그것만으로도 인권과 자유에 대한 그대의 눈부신 정복은 영원히 위협받으리라. 그렇다! 우리는 지극히 소수일망정 주저 없이 이 모든 것을 말할 것이다. 물론 그대의 모든 양심적 자식들이 우리와 함께 가기 위해 일어서지 않을지도 모른다. 그러나 믿어 의심치 않는다, 공화국을 세웠고, 공화국이 위험에 빠지는 것을 보고 전율에 휩싸일 모든 자유로운 정신들, 모든 넉

넉한 가슴들이 우리와 함께 갈 것임을!

  프랑스여, 나는 그 모든 사람들에게 호소하노라. 그들이 연대하기를, 그들이 글을 쓰기를, 그들이 말을 하기를! 그들이 우리와 함께 여론을, 소시민을, 하층민을, 중독과 착란에 빠진 모든 사람들을 계도하기를! 조국의 영혼, 조국의 정력, 조국의 승리는 오직 정의와 관용 속에 존재함을 기억하자.

  나의 유일한 근심은 진실의 빛이 완전히 그리고 즉시 비치지 않으면 어떡하나 하는 것이다. 비밀리에 예심이 진행되고 밀실에서 재판이 진행된다면 종결되는 것은 아무것도 없으리라. 그때야말로 사건이 진정으로 시작될 텐데, 왜냐하면 그때 침묵한다는 것은 곧 공범자가 된다는 것이기 때문이다. 역사의 기술을 그 누가 막을 수 있단 말인가! 역사는 썩어질 것이다. 그리고 그것이 아무리 경미한 것이라 할지라도 대가를 치르지 않는 역사적 책임이란 없는 법이다.

  프랑스여, 이 모든 것이 그대의 영광을 위한 것임을 잊지 마라. 사실 나는 아무것도 걱정하지 않는다. 나는 무뢰한들이 그대의 이성과 그대의 건강에 테러를 가해봤자 소용없음을 잘 알고 있다. 그대는 우리의 미래이다. 그대 안에서 진실과 정의는 어김없이 잠 깨는 새벽을 맞을 것이며, 언제나 영웅적으로 떨쳐 일어날 것이다.

나는 고발한다!
—공화국 대통령 펠릭스 포르 씨에게 보내는 편지

이 글은 1898년 1월 13일 〈로로르L'Aurore〉[23)]에 발표되었다.

애초에 이 글이 앞선 두 편지, 즉 〈청년들에게 보내는 편지〉와 〈프랑스에게 보내는 편지〉처럼 팸플릿으로 인쇄되었다는 사실은 거의 알려지지 않았다. 그런데 이 팸플릿을 내놓으려는 순간, 불현듯 더 큰 파문과 반향을 불러일으키기 위해서 이 글을 신문에 발표해야겠다는 생각이 들었다. 나는 당연히 당시 경탄할 만한 용기와 독립 정신으로 의견 표명을 하고 있던 〈로로르〉와 접촉했다. 이후 〈로로르〉는 나의 피난처이자, 내가 모든 것을 말할 수 있는 자유와 진실의 법정이 되었다. 나는 편집장 에르네스트 본Ernest Vaughan에게 무한히 감사드린다. 1월 13일자 〈로로르〉는 30만 부 이상 팔렸고, 사법적 고소가 이루어진 다음에도 팸플릿은 여전히 시중에서 판매되었다. 물론 나는 이 글이 발표된 그 이튿날부터 침묵을 지키며 내게 제기될 소송과 뒤따를 결과를 기다리고 있었다.

대통령 각하!

일전 제게 베풀어주신 따뜻한 환대에 다시 한번 감사드립니다. 그 감사의 마음과 더불어 당신의 영광에 흠집이 생기지 않을까 염려하는 제 마음, 지금까지 그토록 찬란했던 당신의 명성이 가장 부끄러운 오점, 도저히 지울 수 없는 오점으로 더럽혀지지 않을까 염려하는 제 마음을 이해해주시기 바랍니다.

당신은 온갖 비열한 중상모략에도 불구하고 수많은 사람들의 공감을 얻었습니다. 당신은 프랑스와 러시아의 동맹 체결 이후 애국 축제의 물결이 최고조에 달한 지금 진정 눈부시게 빛나고 있고, 노동, 진리, 자유를 지향하는 우리의 위대한 세기를 장식할 만국박람회 L'Exposition universelle의 장엄한 성공을 준비하고 있습니다. 그런데 그 가증스러운 드레퓌스 사건이라니, 당신 이름에 대해, 게다가 당신 통치에 대해 이 얼마나 말도 안 되는 먹칠인지요! 군사 법정은 에스테라지라고 불리는 자, 모름지기 진실과 정의에 대한 최대의 모욕인 이 자에게 이제 막 감히, 명령에 따라,[24] 무죄를 선고했습니다. 끝났습니다, 프랑스의 얼굴에는 지울 수 없는 오점이 생겼고, '역사'는 당신이 대통령일 때 그런 사회적 범죄가 저질러졌다고 기록할 겁니다.

그들이 감히 그렇게 했기에, 저는 감히 이렇게 하겠습니다.

진실, 저는 진실을 말하겠습니다, 왜냐하면 정식으로 재판을 담당한 사법부가 만천하에 진실을 밝히지 않는다면 제가 진실을 밝히겠다고 약속했기 때문입니다. 제 의무는 말을 하는 겁니다, 저는 역사의 공범자가 되고 싶지 않습니다. 만일 제가 공범자가 된다면, 앞으로 제가 보낼 밤들은 가장 잔혹한 고문으로 저지르지도 않은 죄를 속죄하고 있는 저 무고한 사람의 유령으로 가득한 밤이 될 겁니다.

대통령 각하, 정직하게 살아온 한 시민으로서 솟구치는 분노와 더불어 온몸으로 제가 이 진실을 외치는 것은 바로 당신을 향해서입니다. 저는 명예로운 당신이 진실을 알고도 외면하지는 않았으리라고 확신합니다. 그렇지만 국가 원수인 당신이 아니라면 제가 도대체 누구에게 진범들의 악랄한 죄상을 고발해야 하겠습니까?

우선 재판과 드레퓌스의 유죄 선고에 관련된 진실을 말씀드리겠습니다.

사악한 한 인간이 모든 일을 꾸미고, 모든 일을 저질렀는데, 당시 일개 소령이었던 뒤 파티 드 클람du Paty de Clam 중령이 바로 그 인간입니다. 그는 드레퓌스 사건 자체라고 할 수 있습니다. 성실하게 조사하면 그가 한 행동과 그가 져야 할 책임이 명백히 드러날 텐데, 그날이 오면 사람들은 이 사건을 제대로 이해하게 될 겁니다. 그는 진정 음험한 인간이며, 복잡한 인간이며, 허황한 술책에 민감한 인간이며, 빼돌린 문서, 익명의 편지, 외딴 곳에서의 접선, 심야에 치명적 증거를 파는 수수께끼의 여인들이 나오는 삼류 신문 연재소설에 탐닉하는 인간입니다. 드레퓌스에게 문제의 명세서를 그대로 받아쓰게 할 생각을 한 것도 이 자입니다. 온통 거울로 둘러싸인 방에서 드레퓌스를 심문할 생각을 한 것도 이 자입니다. 포르지네티 소령이 우리에게 증언했듯, 소리 없는 랜턴을 들고 잠든 피고 곁으로 살며시 다가가 갑자기 얼굴에 불빛을 비추고, 피고로 하여금 문득 잠이 깨는 충격 속에서 범행을 자백케 할 생각을 한 것도 이 자입니다. 제가 여기서 모든 것을 다 말씀드릴 필요는 없겠습니다, 요컨대 찾으면 찾아질 테니까요. 저는 다만 드레퓌스 사건의 심리를 담당한 조사장교 뒤 파티 드 클람 소령이 사건 일자와 책임 소재에 비추어 이 가공할 사법적 오판의 최대 범죄자임을 단언하는 바입니다.

문제의 명세서는 발견 직후 정보국장 상데르Jean Sandherr 대령의 수중으로 들어갔습니다. 얼마 전 그는 전신 마비 증세로 죽었습니다. 그런데 언제인가 '자료 유출'이 발생했습니다. 이런저런 문서가 없어졌고, 이 문서들은 오늘날까지 행방이 묘연합니다. 그리고 명세서 작성자가 누구인가에 생각이 미치자 사람들은 조사도 않고서 대뜸 그건 참모 본부 장교이자 포병장교일 수밖에 없다고 결론지었습니다. 이것은 분명한 이중의 잘못, 이 명세서가 얼마나 피상적으로 조사되었는지를 단적으로 보여주는 이중의 잘못입니다. 사실 조금만 논리적으로 생각해보면 일반 군장교의 소행이라는 것을 누구나 알 수 있었던 까닭에, 예단은 금물이었습니다.

내부 문제로 추정되었기에 사람들은 내부를 수색했고, 필적을 조사했습니다. 범인이 정보국 내에 있는 이상, 반역자를 기습적으로 체포, 추방하는 일이 중요했습니다. 부분적으로 잘 알려진 이야기입니다만, 최초의 혐의가 드레퓌스에게 떨어지자마자 뒤 파티 드 클람 소령이 무대에 등장합니다. 이때부터 그가 드레퓌스라는 인물을 가공하기 시작했습니다. 드레퓌스 사건은 그의 사건이 되었고, 그는 배신자를 꼼짝 못하게 해서 완전한 자백을 받아낼 수 있다고 장담했습니다. 또한 평범한 지성의 소유자인 국방부 장관 메르시에Auguste Mercier 장군, 종교적 광신에 휩싸인 듯한 참모총장 드 부아데프르Raoul de Boisdeffre 장군, 빈번히 양심을 속인 참모차장 공스Charles Gonse 장군도 언급하지 않을 수 없습니다. 그렇지만 뭐니 뭐니 해도 뒤 파티 드 클람 소령이 문제입니다. 그는 최면을 걸다시피 해서 장군들을 오도했는데, 실제로 강신술과 신비술에 빠져 있던 그는 심령과 대화할 수 있다고 허풍을 떨곤 했습니다. 불행한 드레퓌스에게 가한 실험들, 드레퓌스를 몰아넣고자 했던 함정들, 끔찍한 심문, 기괴한 가정(假定) 등 그가 저지른 정신 착란과도 같은 광태는 누구도 상상할 수 없는 것입니다.

아! 이 최초의 조사는 그 과정을 소상히 아는 사람들에게는 정녕 하나의 악몽이었지요! 뒤 파티 드 클람 소령은 드레퓌스를 체포해서 독방에 가둡니다. 그리고는 서둘러 드레퓌스의 집으로 가서 부인을 만나 이 사실을 발설하면 남편은 끝장인 줄 알라고 위협합니다. 그동안 그 불행한 사람은 살 떨리는 절규로 결백을 주장했습니다. 한마디로 15세기 괴담에나 나올 법한 잔인한 계략과 신비스런 억측이 난무하는 가운데 심문이 이루어진 것이지요. 모든 것이 유치하기 짝이 없는 단 하나의 증거, 즉 그 알량한 명세서, 비열한 배반일 뿐만 아니라 가장 파렴치한 사기였던 그 명세서, 더욱이 거기 실린 유명한 기밀 사항이란 것도 사실상 별 가치가 없는 그 명세서에 근거해 있습니다. 문제의 핵심이 바로 여기에 있다고 저는 주장합니다. 바로 여기서부터 진짜 범죄, 프랑스를 병들게 한 가공할 정의의 부인이 시작되었습니다. 저는 어떻게 사법적 오판이 가능하게 되었는가, 어떻게 사법적 오판이 뒤 파티 드 클람 소령의 음모에서 비롯되었는가, 어떻게 메르시에 장군, 드 부아데프르 장군, 공스 장군이 거기에 휘말려서 조금씩 책임질 일을 저지르게 되었는가를 분명히 하고 싶습니다. 더욱이 세 장군은 나중에는 이 오판을 성스러운 진실, 심지어 토론의 대상이 될 수 없는 진실로 내세우려 했습니다. 사실 애초에 그들이 저지른 잘못은 태만함과 아둔함뿐이었습니다. 그 집단 특유의 종교적 열정과 연대 의식이 강요하는 편견에 사로잡혔던 것이지요. 죄는 바로 어리석음이었습니다.

그런데 드디어 드레퓌스가 군사 법정에 섰습니다. 재판은 완전 비공개로 진행되었습니다. 적에게 국경을 열어 독일 황제를 노트르담 성당까지 안내한 반역자라 하더라도 이보다 더 쉬쉬하며 재판을 하지는 않았을 겁니다. 국민들은 대경실색한 채 온갖 풍문이 떠도는 이 무시무시한 배신 행위에 대해 수군거렸습니다. 물론 그들은 국가의 조치를 존중했습니다. 그들은 그 어떤 가혹한 형벌도 충분치 않다고 생각했습니다. 그들은 죄인에 대한 공개 군적박탈식에 갈채를 보냈고, 죄인이 회한을 씹으며 오욕의 바위에 영원히 묶여 있기를 바랐습니다. 그런데 저 비밀의 방에서 조심조심 묻어야만 했던 그 말할 수 없는 것들, 전 유럽을 화염에 휩싸이게 할 수도 있다던 그 위험한 것들은 과연 진실이었을까요? 아닙니다! 그 방에는 오직 뒤 파티 드 클람 소령의 기괴하고도 광기 어린 상상력만이 있었습니다. 기상천외한 삼류 소설을 실화로 만들기 위해 그는 모든 것을 날조했습니다. 군사 법정에서 낭독된 기소장을 주의 깊게 살펴보면, 이 사실은 금방 드러납니다.

아! 이 얼마나 어처구니없는 기소장인지요! 이런 기소장으로 한 인간에게 유죄 판결이 내려진다면, 그것이야말로 불의의 극치입니다. 저는 정직한 사람이라면 이 기소장을 읽고 저 악마도l'île du Diable에서 말도 안 되는 속죄를 강요당하고 있는 한 인간을 생각하면서 참을 수 없는 분노를 느끼고 반항의 외침을 내지르지 않을 수 없으리라고 장담합니다. 드레퓌스는 수개 국어를 구사합니다, 유죄. 그의 방에서는 위험한 서류가 한 장도 발견되지 않았습니다, 유죄. 그는 가끔 조상의 나라를 방문합니다, 유죄. 그는 근면하며 모든 것을 알고자 할 정도로 지식욕이 강합니다, 유죄. 그는 마음의 동요를 일으키지 않습니다, 유죄. 그는 마음의 동요를 일으킵니다, 유죄. 얼마나 터무니없는 내용이며, 얼마나 황당한 주장인지요! 기소 항목은 모두 열네 가지였습니다. 그런데 결국 문제는 오직 한 항목, 즉 명세서입니다. 우리는 필적 전문가들의 의견이 일치하지 않았다는 사실과 그들 중 한 명인 고베르Alfred Gobert 씨가 참모 본부의 의도대로 결론을 내리지 않았기에 험악한 처우를 받았다는 사실도 알고 있습니다. 법정에는 스물세 명의 장교가 드레퓌스를 생매장할 증언을 하러 왔습니다. 우리는 지금도 심문이 어떻게 진행되었는지 모르지만, 그래도 그들 모두가 드레퓌스에게 불리한 증언을 하지 않았다는 것만은 분명합니다. 그런데 한 가지 주목할 것은 그들 모두가 국방부 소속이었다는 사실입니다. 말하자면 모두가 한 통속인 가족 재판이었던 셈입니다. 그 점을 잊지 마시기 바랍니다. 참모 본부가 재판을 원했고, 판결을 내렸습니다. 그리고 방금 막 두 번째 판결을 내렸습니다.

명세서가 유일한 물증이었지만 필적 전문가들조차 의견일치를 보지 못한 상태였습니다. 군법회의 재판관들이 당연히 무죄 판결을 내릴 것이라는 소문이 돌았습니다. 참모 본부가 유죄 선고를 정당화하기 위해 한 장의 기밀 서류의 존재를 주장하기 시작한 것은 바로 그때부터입니다. 일반에 공개할 수 없는 기밀 서류, 모든 것을 정당화해주는 기밀 서류, 우리가 경배해야 할 기밀 서류, 볼 수도 없고 알 수도 없는 전지전능한 신과도 같은 기밀 서류! 저는 그 기밀 서류의 내용을 온몸으로 부인합니다! 한마디로 웃기는 서류입니다. 그렇습니다. 여자들 이름으로 오간 이 서류, 이 편지의 내용 중에 'D'라는 이니셜로 불리는 자가 등장한다고 합니다.[25] 몸값이 비싼 아내를 내주었음에도 불구하고 사람들이 제대로 값을 치르지 않는다고 여기는 남편처럼 이 자는 온갖 불평을 늘어놓는 모양입니다. 그런데 이런 편지가 선전 포고 없이는 공개할 수 없는 국방 관련 기밀 서류라니요! 아닙니다, 아니고말고요. 그것은 거짓입니다! 아무런 양심의 가책도 없이 새빨간 거짓말을 늘어놓다니 정말 가증스럽고 파렴치한 인간들입니다. 그들은 국민 감정 뒤에 몸을 숨긴 채 뭇 사람들의 가슴을 동요시키고, 정신을 왜곡시키고, 입을 막고 있습니다. 저는 이보다 더 큰 공민 범죄를 본 적이 없습니다.

대통령 각하, 바로 이렇게 해서 사법적 오판이 저질러졌습니다. 게다가 드레퓌스의 도덕성, 부유한 환경, 범죄 동기의 부재, 끝없는 무죄의 외침은 그가 뒤 파티 드 클람 소령의 기발한 상상력, 그를 둘러싼 종교적 환경, 우리 시대의 불명예인 '더러운 유태인' 사냥 등의 희생자였음을 더욱 확신하게 합니다.

 이제 에스테라지 사건을 보겠습니다. 드레퓌스 사건이 시작된 지 삼 년이 흘렀습니다. 양심적인 많은 사람들은 그동안 깊은 고통과 불안을 느꼈고, 마침내 드레퓌스의 무죄를 확신하게 되었습니다.
 제가 여기서 쉐레르케스트네르 씨의 의심과 확신의 연대기를 작성할 필요는 없겠습니다. 다만 그가 이 사건을 탐구하는 동안 참모 본부에서 일어난 주요 돌발 사태를 모르고 있었다는 것만은 밝혀두겠습니다. 상데르 대령이 사망한 후 피카르 중령이 정보국장직을 물려받았습니다. 직무 수행을 하던 피카르 중령은 어느 날 외국 대사관 요원이 에스테라지 소령에게 보낸 전보 엽서 한 통을 수중에 넣게 되었습니다.[26] 조사를 시작하는 것은 그의 최소한의 의무였습니다. 그가 상관들의 의도를 넘어 독자적으로 행동하지 않았던 것만은 분명합니다. 그는 즉각 자신의 의심을 직속상관인 공스 장군에게 보고했고, 그 다음 드 부아데프르 장군, 그 다음 메르시에 장군에 이어 국방부 장관이 된 비요 장군에게 보고했습니다.

사람들의 입에 수없이 오르내린 그 유명한 피카르 문서는 실은 비요 문서였던 겁니다. 말하자면 그 문서는 장관을 위해 부하가 작성한 문서이며, 지금도 국방부에 보관되어 있음에 틀림없는 문서입니다. 조사는 1896년 5월부터 9월까지 진행되었습니다. 여기서 특히 강조해야 할 것은 조사 결과 공스 장군이 에스테라지의 유죄를 확신했다는 사실 및 드 부아데프르 장군과 비요 장군이 명세서의 작성자가 에스테라지라는 것을 의심하지 않았다는 사실입니다. 피카르 중령의 조사는 이런 사실을 명백히 입증했습니다. 충격은 엄청난 것이었습니다. 왜냐하면 에스테라지의 유죄 선고는 필연적으로 드레퓌스 사건의 재심을 초래할 것이고, 그것은 참모 본부가 어떤 대가를 치르고서라도 막아야 할 것이기 때문이었습니다.

잠시 고뇌에 찬 심리적 혼란이 있었음에 틀림없습니다. 그때만 해도 비요 장군은 드레퓌스 사건과 아무 관련이 없었다는 사실을 주목해주십시오. 몹시 깨끗한 채로 장관직에 취임했기에, 그는 충분히 진실을 밝힐 수 있었습니다. 그렇지만 아마도 여론에 대한 공포 때문에, 그리고 드 부아데프르 장군, 공스 장군, 부하 장교 등 참모 본부 전체를 파멸시킬지도 모른다는 걱정 때문에 그는 감히 그렇게 하지 못했습니다. 한순간 자신이 군의 이익이라고 생각하는 것과 양심 사이에서 갈등을 하기는 했겠지요. 하지만 그 순간이 지나자 만사가 끝이었습니다. 당연히 그는 이 사건에 끌려 들어갔습니다. 그때부터 그의 책임은 커져만 갔고, 다른 사람들의 책임까지 떠맡게 되었습니다. 그는 다른 사람들만큼, 어쩌면 다른 사람들보다 더 유죄인데, 왜냐하면 그 자신이 정의를 구현해야 할 책임자임에도 불구하고 아무 것도 하지 않았기 때문입니다. 그 점을 이해하시겠습니까! 비요 장군, 부아데르프 장군, 공스 장군이 드레퓌스가 무죄라는 사실을 안 지 일 년이 지났건만, 그들은 여전히 그 무시무시한 진실을 숨기는 데 급급하고 있습니다! 그들은 잠을 잘 잡니다. 그리고 그들은 아내와 자식들을 몹시 사랑합니다!

피카르 중령은 양심적 인간으로서의 의무를 다했습니다. 그는 정의의 이름으로 상관들에게 건의했습니다. 심지어 그는 그들에게 간청했습니다. 그는 그들의 직무 유기가 얼마나 위험한 일인지 역설했습니다. 끔찍한 뇌우가 조금씩 힘을 축적하고 있거니와, 진실이 세상에 알려질 때 그것은 엄청난 폭발력으로 온 세상을 강타할 것이라고 말했습니다. 이 말은 나중에 쉐레르케스트네르 씨가 비요 장군에게 한 말이기도 합니다. 쉐레르케스트네르 씨는 우국충정으로 비요 장군에게 국가적 재앙으로 변해가는 이 사건을 확실히 장악해서 더 이상 악화시키지 말 것을 요청했습니다. '쇠귀에 경 읽기'였지요! 범죄는 이미 저질러졌고, 참모 본부는 이제 그 범죄를 고백할 수 없는 상태에 이르렀습니다. 피카르는 정찰 임무라는 미명하에 변경으로 추방되었습니다. 그들은 그를 점점 더 멀리, 끝내 튀니지까지 보냈는데, 언젠가는 짐짓 그의 용기를 치하하면서 학살의 위험이 상당히 높은 지역을 시찰하는 임무를 맡기려 하기도 했습니다. 모레스Antoine de Morès 후작27)이 죽음을 맞은 것이 바로 이 지역입니다. 그러나 그가 완전히 버림받은 것은 아니었습니다. 공스 장군은 그와 우정 어린 교신을 계속하고 있었습니다. 다만 비밀을 간파했다는 것이 모두에게 위험한 일로 인식되었습니다.

한편 파리에서는 진실이 불굴의 행진을 계속했습니다. 우리는 예견된 그 뇌우가 어떻게 폭발했는지 알고 있습니다. 마티외 드레퓌스Mathieu Dreyfus28) 씨가 에스테라지 소령을 명세서의 진짜 작성자로 고발했고, 바로 그때 쉐레르케스트네르 씨는 재심 요구서를 법무부 장관에게 제출하러 갔습니다. 에스테라지 소령이 등장하는 것은 바로 이 시점입니다. 증언에 따르면, 맨 처음 그는 자살이나 도망을 고려할 정도로 심리적 공황 상태에 빠졌습니다. 그런 다음 그는 방약무인하게 행동하며 난폭한 태도를 취함으로써 온 파리를 경악케 했습니다. 구원의 손길이 그에게 뻗쳤던 것입니다. 그는 대비책을 알려주는 한 통의 편지를 받았었습니다. 수수께끼의 여인이 한밤중 그를 방문하여 참모 본부에서 훔친 한 장의 서류, 그를 살려줄 한 장의 서류를 전해주었던 것입니다. 그것은 궁여지책으로서 뒤 파티 드 클람 중령의 풍부한 상상력의 산물임이 틀림없었습니다. 그의 작품, 즉 드레퓌스의 유죄가 부인될 위험에 처하자 그는 자기 작품을 확실하게 보호하고자 했던 겁니다. 사건의 재심, 그것은 곧 너무도 엉뚱하고 너무도 비극적인 삼류 연재소설 ──그 결말이 악마도에서 펼쳐지고 있습니다── 의 파산을 뜻하지요! 그것은 그가 도저히 허용할 수 없는 것이었습니다. 그때부터 대결은 피카르 중령과 뒤 파티 드 클람 중령 사이에서 벌어졌는데, 한 사람은 얼굴을 백일하에 드러내고 있었고 다른 한 사람은 가면을 쓰고 있었습니다. 사람들은 머지않아 민간 법정에서 그 두 사람을 보게 될 겁니다. 그런데 실은 자기 방어를 하고, 자기 범죄 ──그에 대한 혐오감이 시시각각 커져가고 있습니다── 를 고백하려 하지 않은 것은 언제나 참모 본부였습니다.

사람들은 경악을 금치 못하면서 도대체 누가 에스테라지 소령을 보호하고 있는지 자문했습니다. 우선 베일에 가린 인물, 즉 모든 것을 꾸미고 모든 것을 지휘한 뒤 파티 드 클람 중령이 있습니다. 그의 손길이 닿지 않은 기괴한 조처란 없습니다. 그 다음 드 부아데프르 장군, 공스 장군, 비요 장군이 있는데, 그들은 드레퓌스의 무죄 인정을 곧 국방부의 치욕적 궤멸로 인식했기에 에스테라지 소령을 무죄 방면하지 않을 수 없었습니다. 이 불가사의한 상황의 결과는 한 양심적인 인간, 홀로 충실히 의무를 다했던 피카르 중령의 희생으로 드러났습니다. 이제 곧 그는 모욕을 당할 것이며 징벌을 받을 것입니다. 오, 정의여, 이 얼마나 뭇 사람의 가슴을 찢는 끔찍한 절망인지요! 심지어 사람들은 그가 날조자이며, 에스테라지를 곤경으로 몰아넣기 위해 전보 엽서를 꾸며낸 자라고 말할 겁니다. 그러나 도대체 왜? 무슨 목적으로? 동기를 말씀해보십시오. 그 또한 유태인들에게 매수당한 것일까요? 소문에 의하면 지금까지 그는 반유태주의자였습니다. 그렇습니다! 지금 우리는 비열한 광경을 목격하고 있습니다. 빚더미와 죄악으로 얼룩진 자들은 무죄를 선고받고, 한 점 오점도 없는 명예로운 이는 오욕의 구렁텅이에 빠져 있지요! 이 지경에 이른 사회라면 그 운명은 파멸밖에 없습니다.

대통령 각하, 이것이 바로 에스테라지 사건입니다. 범죄자에게 무죄를 선고하기 위해 기소된 사건 말입니다. 우리는 두 달 전부터 전개된 사건의 추이를 시간별로 재구성할 수도 있습니다. 하지만 그렇게 하지 않겠습니다. 왜냐하면 여기서는 요약만으로 충분하고, 또 언젠가 사건의 역사가 타오르는 불처럼 뜨거운 열정으로 씌어질 것이기 때문입니다. 우리는 펠리외 장군과 라바리 소령이 악의적인 조사를 벌인 결과 악당들이 미화되고 선인들이 더럽혀지는 과정을 지켜보았습니다. 그리고 군사 법정이 열린 것은 이런 과정이 완결된 이후입니다.

어떻게 한 군사 법정이 내린 판결을 다른 군사 법정이 뒤집기를 기대할 수 있겠습니까?

재판관들이 할 수 있었던 선택의 가능성에 대해서는 언급할 필요가 없겠습니다. 군인들의 피에 흐르는 강고한 규율 정신은 그들의 평정심을 흔들어놓기에 충분하지 않았을까요? 규율을 말하는 자는 곧 복종을 말하는 자입니다. 군부의 수장인 국방부 장관이 국회의원들의 환호 속에 기왕의 판결의 권위를 존중할 것을 공개적으로 요구한 바 있습니다. 당신은 이런 상황에서 군사 법정이 국방부 장관에게 공식적인 반박을 할 수 있으리라고 생각하십니까? 계급 사회에서 그것은 불가능한 일입니다. 비요 장군은 선언으로써 재판관들에게 암시적으로 영향력을 행사했고, 그에 따라 재판관들은 불을 향해 가는 나방처럼 아무런 추론 없이 판결을 했습니다. 재판관들이 사로잡힌 선입견은 분명 이런 것입니다. "드레퓌스는 첫 번째 군사 법정에서 반역죄로 유죄 판결을 받았다. 따라서 그는 유죄이며, 두 번째 군사 법정을 열고 있는 우리 또한 그를 무죄로 선언할 수 없다. 더욱이 우리는 에스테라지의 유죄를 인정하는 것이 곧 드레퓌스의 무죄를 선언하는 것임을 잘 알고 있다." 그들을 그 선입견에서 **빠져나오게** 할 수 있는 것은 아무것도 없습니다.

그들은 불공정한 선고를 내렸거니와, 이 선고는 우리의 군사 법정을 영원히 짓누를 것이며, 미래의 군사 법정이 내릴 모든 결정에 의혹의 시선을 불러일으킬 것입니다. 첫 번째 군사 법정은 어리석었을 뿐이라고 말할 수 있지만, 두 번째 군사 법정은 범죄를 저질렀다고 말하지 않을 수 없습니다. 거듭 말씀드리건대 두 번째 군사 법정의 변명은 군부의 수장이 기왕의 판결을 손댈 수 없는 것, 신성한 것, 인간의 차원을 넘어서는 것으로 선언한 탓에 하위 계급자들 가운데 누구도 그 선언을 반박할 수 없었다는 것입니다. 그들은 군대의 명예를 역설했고, 우리가 군대를 사랑하고 존경하기를 원합니다. 아! 물론입니다. 우리는 프랑스 땅을 위협하는 그 어떤 도전에도 분연히 일어설 군대를 사랑하고 존경합니다. 군대는 프랑스 국민 그 자체이며, 우리는 그러한 군대에 대해 무한한 애정과 존경을 간직하고 있습니다. 그러나 정의를 갈망하는 우리는 존엄성을 잃은 군대를 원하지 않습니다. 내일 우리에게 칼을 겨누고 지배자로 군림할 군대, 그 군대의 칼자루에 경건하게 입을 맞추라니, 하느님 맙소사, 결단코 그건 안 될 말입니다!

다른 한편 저는 이 점을 논증했습니다. 드레퓌스 사건은 국방부 사건입니다. 참모 본부의 한 장교가 참모 본부 동료들에게 기소당했고, 참모 본부 간부들의 압력으로 유죄 선고를 받았습니다. 환언하면 참모 본부 전체가 유죄가 되지 않는 한 드레퓌스는 무죄가 될 수 없습니다. 따라서 국방부는 상상할 수 있는 모든 수단을 동원하여, 예컨대 언론 캠페인, 혹

색선전, 영향력 행사 등을 통해 드레퓌스를 다시 한번 파멸시키고 에스테라지를 보호했습니다. 비요 장군 스스로 그렇게 부르듯 이 예수회 교단에 가해야 할 공화국 정부의 빗질이란 도대체 어떤 것일까요! 도대체 모든 것을 재조직하고 쇄신할 진정 강력한 정부, 슬기로운 애국충정의 정부는 어디에 있는 것일까요? 국방을 맡은 자들의 정체를 잘 알고 있는 수많은 사람들이 전쟁 발발의 위험 앞에서 고뇌로 전율하고 있습니다! 조국의 운명이 결정되는 이 신성한 사원은 저열한 음모와 비방과 횡령의 보금자리가 된 지 오래입니다! 그들은 한 불행한 인간, 즉 '더러운 유태인'의 희생, 이름하여 드레퓌스 사건을 비춘 환한 조명 앞에서 몸을 떨고 있습니다! 아, 실로 모든 것이 광기, 어리석음, 기괴한 상상력, 비열한 경찰 근성, 종교 재판 식의 매도, 전제적인 폭압으로 뒤흔들렸고, 몇몇 장교와 장성들의 영달을 위해 국가 전체가 강철 군화에 짓밟혔으며, 진실과 정의를 외치는 국민의 목소리는 국가 이익이라는 미명하에 질식되었습니다!

속악한 언론에 기대는 것, 파리의 온갖 사기꾼들에게 도움을 청하는 것, 그리하여 파렴치하게도 사기꾼들이 승리하고 인권과 청렴결백이 패배하게 만드는 것은 범죄 행위입니다. 전 세계에 오판을 강요하려는 사악한 음모에 맞서 프랑스를 자유와 정의의 일등 국가로 만들고자 필사의 노력을 경주하는 사람들을 국가혼란죄로 다스리는 것은 범죄 행위입니다.

여론을 오도하는 것, 여론을 집단 정신 착란으로 몰고 가 사악한 협잡에 이용하는 것은 범죄 행위입니다. 인권의 위대한 자유 국가 프랑스를 병사하게 할 가증스러운 반유태주의의 어둠 속에 몸을 숨긴 채 일반 서민들을 중독시키고, 반동과 배척의 열정을 부추기는 것은 범죄 행위입니다. 증오심을 유발하는 데 애국주의를 이용하는 것은 범죄 행위입니다. 끝으로, 인간이 꽃피운 일체의 과학이 진실과 정의가 지배할 내일을 향해 한 걸음 한 걸음 전진하고 있는 이때, 총칼을 현대의 신으로 삼는 것은 범죄 행위입니다.

우리가 그토록 열정적으로 갈망했던 이 진실, 이 정의, 그들이 그것을 모욕하고, 경멸하고, 암흑의 구렁텅이에 던져 넣는 것을 지켜보는 슬픔이란 정녕 말로 표현할 수 없군요! 저는 쉐레르케스트네르 씨의 가슴 속에 일었을 좌절을 짐작할 수 있겠습니다. 저는 그가 마침내 후회, 즉 상원의 대정부 질의의 날 비밀의 보자기를 전부 풀어놓고 모든 것을 백일하에 드러내지 못했다는 후회, 즉 혁명적으로 행동하지 못했다는 후회를 느끼리라고 생각합니다. 그는 공정한 삶을 살아온 위대한 신사였습니다. 그는 진리란, 특히 그것이 한낮의 햇살처럼 자명할 때에는, 그 자체로 충분한 것이라고 생각했습니다. 태양이 이내 모든 것을 비출 텐데 굳이 모든 것을 뒤엎을 필요가 있을까요? 그렇지만 그는 그 낙관적인 평정심 때문에 지금 잔혹한 형벌을 받고 있습니다. 고매한 인격 탓에 공스 장군의 편지를 공개하려 하지 않았던 피카르 중령에 대해서도 같은 말을 할 수 있습니다. 그가 규율을 존중하고 있는 동안 그의 상관들은 그를 흙탕물로 뒤덮고, 그의 사건을 가장 예기치 않은 방식으로, 가장 모욕적인 방식으로 심리하고 있었습니다. 순정한 그의 행동은 오늘 그의 양심을 더욱더 명예롭게 부각시킵니다. 악마가 활약하고 있을 때 신이 임하기를 기다린 두 희생자, 두 신사, 두 깨끗한 영혼이 여기 있습니다. 특히 피카르 중령의 경우 우리는 그에 대한 야비한 처사를 목격하기도 했습니다. 즉 프랑스 법정은 보고 책임자로 하여금 증인 피카르를 공개적으로 공격하도록 방치한 후, 증인 피카르가 자기 입장을 설명하고 변호할 때에는 비공개 밀실을 만들었습니다. 저는 이것이야말로 또 하나의 범죄 행위이며, 이 범죄 행위는 전 세계의 양심을 뒤흔들 것이라고 단언합니다. 명백히 두 군사 법정은 기괴한 정의의 개념을 창조하고 있습니다.

 대통령 각하, 진실은 이처럼 단순합니다. 그리고 이 무시무시한 진실은 당신의 통치에 지울 수 없는 오점을 남길 것입니다. 저는 당신이 이 사건에 대해 아무런 권한이 없으며 단지 헌법과 측근의 수인일 뿐이라는 것을 잘 알고 있습니다. 하지만 당신은 그래도 역시 완수해야 할 의무를 지니고 있습니다. 저는 최후의 승리를 추호도 의심하지 않습니다. 더욱 강한 확신으로 거듭 말씀드립니다. 진실이 전진하고 있고, 아무것도 그 발걸음을 멈추게 하지 못할 것입니다. 오늘에서야 '사건'이 진정으로 시작되고 있는데, 왜냐하면 오늘에서야 각자의 입장이 확실해졌기 때문입니다. 한쪽에는 햇빛이 비치기를 원치 않는 범죄자들이 있고, 다른 한쪽에는 햇빛이 비칠 때까지 목숨마저도 바칠 정의의 수호자들이 있습니다. 이미 말씀드렸지만 다시 한번 강조합니다. 진실이 땅속에 묻히면 그것은 조금씩 자라나 엄청난 폭발력을 획득하며, 마침내 그것이 터지는 날 세상 모든 것을 날려버릴 것입니다. 그리고 우리는 머지않아 알게 될 것입니다. 우리가 이제 막 가장 멀리까지 울려 퍼질 재앙 중의 재앙을 준비했다는 것을.

편지가 길었습니다, 대통령 각하. 이제 이 긴 편지를 마무리할 시간이 되었습니다.

저는 뒤 파티 드 클람 중령을 고발합니다. 이유는 그가 무의식적으로일망정 ──저는 그렇게 믿고 싶습니다── 사법적 오판의 악마적 생산자 역할을 했고, 삼 년 전부터 가장 기괴하고 가장 범죄적인 계략으로 자신의 간악한 행동을 은폐했기 때문입니다.

저는 메르시에 장군을 고발합니다. 이유는 그가 심약한 탓일망정 금세기 최악의 범죄의 공범자 역할을 했기 때문입니다.

저는 비요 장군을 고발합니다. 이유는 그가 드레퓌스의 무죄와 관련한 명백한 증거를 쥐고서도 그것을 묵살했고, 정치적 목적을 위해 그리고 위험에 빠진 참모 본부를 구한다는 명목으로 스스로 인간성 모독죄와 정의 모독죄를 저질렀기 때문입니다.

저는 드 부아데프르 장군과 공스 장군을 고발합니다. 이유는 그들이 ——아마도 전자는 종교적 열정에 의해 그리고 후자는 국방부를 누구도 손댈 수 없는 신성한 사원으로 만드는 군인정신에 의해—— 동일한 범죄의 공범자 역할을 했기 때문입니다.

저는 펠리외 장군과 라바리 소령을 고발합니다. 이유는 그들이 사악한 조사, 즉 후자의 보고서가 보여주듯 불공정의 기념비와도 같은 조사를 했기 때문입니다.

저는 세 명의 필적 전문가, 즉 벨롬Edme-Etienne Belhomme 씨, 바리나르Pierre Varinard 씨, 쿠아르Emile Couard 씨를 고발합니다. 이유는 의료 진단에 의해 그들의 시력과 판단력에 문제가 있었음이 입증되지 않는 한, 그들이 날조된 거짓 보고서를 작성했음이 틀림없기 때문입니다.

저는 국방부를 고발합니다. 이유는 그들이 여론을 오도하고 잘못을 은폐하기 위해 특히 〈레클레르L'Eclair〉와 〈레코 드 파리〉를 통해 가증스러운 언론 캠페인을 벌였기 때문입니다.

마지막으로 저는 첫 번째 군사 법정을 고발합니다. 이유는 그들이 비공개 서류에 근거해서 피고에게 유죄를 선고함으로써 법을 위반했기 때문입니다. 저는 두 번째 군사 법정을 고발합니다. 이유는 그들이 상관들의 명령에 따라 첫 번째 군사 법정의 불법성을 은폐하기 위해 진실을 알고서도 범죄자를 무죄 석방하는 사법적 범죄를 저질렀기 때문입니다.

위의 고발을 함으로써 저는 1881년 7월 29일 제정 언론법 30조 및 31조에 따라 명예 훼손 행위로 기소될 수 있음을 잘 알고 있습니다. 그러므로 저의 행위는 순전히 의도적인 것입니다.

제가 고발한 사람들에 관한 한, 저는 그들을 알지도 못하며, 단 한 번 만난 적도 없으며, 그들에 대해 원한이나 증오를 품고 있지도 않습니다. 그들은 제게 사회악의 표본일 뿐입니다. 그리고 오늘 저의 행위는 진실과 정의의 폭발을 앞당기기 위한 혁명적 수단일 뿐입니다.

저는 그토록 큰 고통을 겪은 인류, 바야흐로 행복 추구의 권리를 지닌 인류의 이름으로 오직 하나의 열정, 즉 진실의 빛에 대한 열정을 간직하고 있을 뿐입니다. 저의 불타는 항의는 저의 영혼의 외침일 뿐입니다. 부디 저를 중죄 재판소로 소환하여 푸른 하늘 아래에서 조사하시기 바랍니다!

기다리겠습니다.

존경과 더불어 인사드립니다, 대통령 각하, 안녕히 계십시오.

배심원들을 향한 최후 진술

이 글은 1898년 2월 22일 〈로로르〉에 발표되었다.

나는 이 글을 발표하기 전날인 2월 21일 배심원들, 잠시 후 유죄 평결을 내릴 참이던 배심원들 앞에서 이 글을 읽었다. 대통령에게 보내는 내 편지가 발표된 1월 13일 의회는 찬성 312표 대 반대 122표로 나에 대한 기소를 의결했다. 1월 18일 국방부 장관인 비요 장군은 고소장을 법무부에 제출했다. 1월 20일 내가 받은 소환장에는 내 편지의 전문 중 단지 열다섯 줄만을 문제 삼고 있었다. 이후 재판이 시작된 2월 7일부터 징역 1년에 벌금 3,000프랑이라는 판결이 내려진 2월 23일까지 무려 15차례의 공판이 열렸다. 그리고 세 명의 필적 감정사, 벨롬 씨, 바리나르 씨, 쿠아르 씨는 그들대로 1월 21일 나를 명예 훼손 죄로 고소했다는 사실을 기억하자.

배심원 여러분,

지난 1월 22일 국회에서 수상 멜린Félix Méline 씨는 우리 군대의 방위를 맡은 12명의 시민을 무한히 신뢰하고 있음을 여당의 열광적인 박수갈채 속에서 선언했습니다. 12명의 시민이란 바로 여러분입니다. 일전 비요 장군이 법정의 상석에서 부하들에게 기왕의 판결을 신성하게 존중할 것을 명령함으로써 군사 법정——이 군사 법정은 에스테라지 소령에게 무죄 선고를 내릴 책임을 부여받고 있었습니다——으로 하여금 장군의 결정을 따르게 한 것처럼, 멜린 씨는 여러분에게 군대에 대한 존경의 이름으로 저를 단죄할 것을 명령하고자 했습니다. 물론 그에 따르면 저는 군대를 모욕한 사람입니다. 오늘 저는 양심 있는 신사들 앞에서 국가 정의에 대한 이 같은 공권력의 부당한 압력, 자유 국가의 명예를 더럽히는 가증스러운 정치적 관행을 규탄하는 바입니다.

배심원 여러분, 우리는 과연 여러분이 부당한 압력에 굴복하는지 안 하는지 지켜보겠습니다. 그런데 멜린 씨의 뜻에 의해 제가 지금 여러분 앞에 서게 되었다는 것은 사실이 아닙니다. 그는 단지 엄청난 혼란 속에서 '멈추지 않는 진실'이 이룰 새로운 한 걸음이 두려웠기에 저를 기소하라는 요구를 받아들였을 뿐입니다. 그것은 세상이 다 아는 사실입니다. 지금 제가 여러분 앞에 서게 된 것, 그것은 제가 그것을 원했기 때문입니다. 음울하고 기괴한 이 '사건'이 여러분의 평결에 의해 처리되어야 한다고 결정한 것은 저 자신입니다. 그리고 프랑스가 모든 것을 알고 분명한 입장을 표명할 수 있도록 하기 위해 여러분을, 프랑스 정의의 가장 고귀하고 가장 직접적인 화신인 여러분을 선택한 것은 바로 저 자신입니다. 제 행동에는 그것 외에 다른 어떤 목적도 없습니다. 졸라라는 개인은 아무것도 아닙니다. 군대의 명예뿐만 아니라 위험에 빠진 국민의 명예를 여러분의 손에 맡기는 데 무한한 기쁨을 느끼며 저는 졸라라는 개인을 희생했습니다.

여러분의 양심 속에 진실의 빛이 아직 완전히 비치지 않았다 하더라도 저를 책망하지 마시기 바랍니다. 그것은 제 잘못이 아닙니다. 여러분에게 모든 증거를 제시하고자 한 것, 여러분을 유일하게 자격 있는 사람, 유일하게 능력 있는 사람으로 여기고자 한 것은 어쩌면 제 꿈이었을지도 모르겠습니다. 그들은 오른손으로 여러분에게 주었던 것을 왼손으로 다시 빼앗는 일부터 시작했습니다. 그들은 여러분의 재판을 받아들이는 척했을 뿐입니다. 그들이 여러분을 신뢰하는 척한 것은 군사 법정 심판관들의 원수를 갚기 위해서입니다. 몇몇 군 지휘관들은 여러분의 법정보다 상위에 군림하며 여전히 털끝 하나 다치지 않고 있습니다. 이 얼마나 어처구니없는 일인지요. 실로 위선의 복마전에서 이루어지는 음험한 부조리가 아닐 수 없습니다. 그들이 여러분의 양식을 두려워했다는 것, 그들이 우리로 하여금 모든 것을 말하게 하고 여러분으로 하여금 모든 것을 판단하게 하는 위험을 감수할 수 없었다는 것은 분명합니다. 그들은 추문을 최소화하고 싶었다고 주장합니다. 이 추문을 어떻게 생각하시는지요? 여러분, 제가 보기에 국민이요 재판관인 여러분에게 '사건'의 진상을 알리고자 하는 제 행동을 어떻게 생각하시는지요? 그들은 기만적인 재심을 받아들일 수 없었다고 여전히 주장하는데, 이렇게 주장하는 것은 그들이 내심 여러분의 고결한 개입을 두려워하고 있다고 자백하는 것이나 마찬가지입니다. 여러분은 법을 대표하고 있습니다. 제가 원하는 것, 제가 마음속 깊이 존중하는 것은 비열한 소송 절차——이를 이용해서 그들은 여러분을 우롱하려 합니다——가 아니라 바로 선택된 국민의 법입니다.

배심원 여러분, 완전한 진실을 밝힐 힘도 없는 주제에 여러분의 소중한 생업을 이렇게 방해하게 되어 죄송하기 그지없습니다. 제가 가진 것은 진실의 빛에 대한 열정적 갈망뿐입니다. 논쟁은 방금 막 이 점을 입증했습니다. 우리가 한 걸음 한 걸음 집요한 암흑의 의지에 맞서 싸워나가지 않으면 안 된다는 점 말입니다. 진실을 하나하나 밝히기 위해서는 험난한 투쟁이 필요했습니다. 그들은 사사건건 시비를 걸었고, 우리가 요구하는 모든 것을 거부했고, 우리의 논증을 막기 위해서 우리의 증인들을 위협했습니다. 우리가 싸운 것은 오직 여러분을 위해서였습니다. 다시 말해 여러분이 여러분의 양심에 따라 후회 없이 평결할 수 있도록 여러분에게 증거를 제출하기 위해서였습니다. 저는 여러분이 우리의 노력을 고려해주시리라고, 게다가 적잖은 진실을 밝힐 수 있으리라고 확신합니다. 여러분은 이미 증인들의 증언을 들었고, 또 진실한 이야기, 모든 사람들을 두렵게 하지만 아무도 알지 못하는 그 이야기를 여러분에게 전해줄 제 변호인의 변론을 듣게 될 겁니다. 저는 아무 말 하지 않겠습니다. 진실은 지금 여러분의 손에 있고, 아무 말 하지 않아도 그 진실이 행동할 테니까요.

일전에 멜린 씨는 군대의 명예가 여러분에게 달려 있다고 말함으로써 여러분의 결정을 유도하려 했습니다. 저 역시 바로 그 군대의 명예를 위해 여러분의 양심에 호소하고 있습니다. 지금 저는 멜린 씨에게 더없이 공식적인 반박을 하고자 합니다. 저는 결코 군대를 모욕하지 않았습니다. 그 반대로 저는 무기를 든 우리의 국민, 즉 적이 위협하는 즉시 분연히 떨쳐 일어나 프랑스 땅을 지킬 우리의 사랑스런 군인들에게 무한한 애정과 존경을 표했습니다. 그리고 제가 군 수뇌부, 즉 그들을 승리로 이끌 장군들을 공격했다는 것 또한 거짓입니다. 국방부의 몇몇 요인이 음모를 꾸며 군대를 위태롭게 하는 일이 발생했을 때, 그런 일이 발생했다고 말하는 것이 과연 군대 전체를 모욕하는 것일까요? 우리로 하여금 전쟁의 참화를 겪게 한 오류가 다시 저질러지지 않도록, 정녕 또 한 번의 패전이 일어나지 않도록 일체의 음모로부터 군대를 구하고 경고의 외침을 발하는 것이야말로 건강한 시민의 책무가 아닐까요? 저는 저를 변호하지 않겠습니다. 저는 필요불가결했던 제 행동의 판결을 역사에 맡기겠습니다. 그러나 저는 에스테라지 소령이 가증스러운 편지를 쓴 이후 헌병들로 하여금 에스테라지 소령을 포옹하게 하는 그들이야말로 군대를 모욕하는 자들임을 주장합니다. 저는 군대를 지킨다는 미명하에 비열한 음모로 군대를 더럽히는 날강도들, 프랑스의 훌륭하고 위대한 모든 가치를 진창 속에 내동댕이치는 날강도들이 매일 이 용맹한 군대를 모욕하고 있음을 주장합니다. 저는 "국군 만세!"라는 외침에 "유태인을 죽여라!"라는 외침을 뒤섞는 그들이야말로 군대의 명예, 이 위대한 국군의 명예를 짓밟는 자들임을 주장합니다. 세상에 이런 일이 어디 있을까요! 생루이Saint-Louis, 바야르Bayard, 콩데Condé, 오슈Hoche[29]를 낳은 민족, 무수히 많은 대승(大勝)을 거둔 민족, 공화국과 제정의 위대한 전쟁을 수행한 민족, 세계를 빛낸 힘과 은총과 관용의 민족이 "에스테라지 만세!"를 외치다니 말입니다. 이것은 진실과 정의를 향한 노력 없이는 결코 씻을 수 없는 우리의 수치입니다.

여러분은 항간에 떠도는 다음과 같은 전설을 알고 계실 겁니다. 한 점 부끄러움도 없는 일곱 명의 지휘관들이 정당하고 적법하게 드레퓌스를 단죄했거니와, 그들의 오판을 가정한다는 것은 곧 군 전체를 모욕하는 것에 다름 아니다. 드레퓌스는 지금 복수심에 불타는 고통 속에서 자신의 가증스러운 행동의 죗값을 치르고 있다. 그리고 이제 막 유태인 단체가 결성되었는데, 왜냐하면 드레퓌스가 유태인이기 때문이다. 당장이라도 수백만 명을 동원할 수 있는 이 국경 없는 국제 유태인 단체는 목하 가장 파렴치한 술책을 통해서 그 배반자를 구출하려 하고 있다. 결성 이후 이 단체는 범죄에 범죄를 거듭 쌓아가고 있는데, 예를 들면 양심 있는 이들을 매수하고, 프랑스를 죽음의 혼란에 빠뜨리고, 프랑스를 적에게 팔아넘기고, 유럽을 대전의 화염에 휩싸이게 하고자 한다. 물론 오늘도 그들은 이 가공할 음모를 포기하기는커녕 더욱 공고히 하고 있다. 그렇습니다, 보시는 대로 전설은 단순하고, 유치하고, 한심합니다. 하지만 몇 달 전부터 비열한 언론은 바로 이 썩은 빵을 양식(糧食)이라고 속여 우리의 가난한 백성들에게 먹이고 있습니다. 조만간 그들이 재앙에 가까운 위기를 겪는다 하더라도 하등 놀라울 것이 없는데, 왜냐하면 거짓과 악행을 이 정도로 일삼으면 반드시 끔찍한 대가를 치르게 마련이기 때문입니다.

배심원 여러분, 물론 저는 여러분이 지금까지 그 유모(乳母)의 거짓말, 즉 언론의 거짓말을 받아들였다고 여김으로써 여러분에게 모욕을 가할 생각은 추호도 없습니다. 저는 여러분이 누구인지 잘 알고 있습니다. 여러분은 제가 태어난 파리, 제가 무한한 애정으로 사랑하는 파리, 제가 탐구하는 파리, 제가 사십 년 전부터 찬미하는 파리, 그 위대한 파리의 심장이요 이성입니다. 그리고 저는 지금 이 순간 여러분의 머

릿속에 떠오르는 생각이 무엇인지도 잘 알고 있습니다. 왜냐하면 오늘은 여기 이 피고석에 앉아 있지만, 예전에는 지금 여러분이 계신 그 배심원석에 앉아 있었기 때문입니다. 청컨대 그 좌석에서 진정한 여론을 대표하십시오, 그리고 모두 지혜와 정의의 화신이 되십시오. 잠시 후 심의실에서 여러분이 표결할 때 저는 마음으로 여러분과 함께 있겠습니다. 그리고 저는 여러분의 노력이 국가의 이익에 다름 아닌 시민의 이익을 당연히 지켜주리라 확신하고 있습니다. 만일 여러분이 오류를 저지른다면, 그것은 여러분이 여러분의 이익과 만인의 이익을 혼동하기 때문일 겁니다.

제 눈에는 저녁이면 사랑하는 가족과 함께 등불 아래 모여 있는 여러분의 모습이 보입니다. 제 귀에는 친구들과 정겹게 잡담하는 여러분의 목소리가 들립니다. 그리고 저마다 작업장에서, 가게에서 열심히 일하시겠지요. 여러분은 모두 근면한 일꾼들입니다. 어떤 분은 상인이고, 어떤 분은 기업가이고, 또 어떤 분은 자유직 종사자입니다. 여러분의 사업이 처해 있는 통탄할 만한 불경기에 대해 여러분이 느끼는 불안은 지극히 정당한 것입니다. 도처에서 작금의 위기가 재앙으로 변해가고 있습니다. 거래는 점점 더 위축되고, 매상은 나날이 떨어지고 있습니다. 그러므로 여러분이 품고 계시는 생각, 여러분의 얼굴에 씌어 있는 생각은 너무나 읽기 쉽습니다. "그만하면 됐어, 이젠 제발 끝내자." 여러분은 심지어 이렇게 말씀하실 지경에 이르렀습니다. "죄 없는 한 인간이 악마도에 수감되어 있다는 사실이 뭐 그리 중요하단 말인가? 한 인간의 이익 때문에 온 나라가 이 같은 혼란에 빠져도 좋단 말인가?" 그러나 생각해보십시오, 그들이 우리가 저질렀다고 비난하는 온갖 죄악에 대해 우리, 진실과 정의에 목마른 우리가 얼마나 혹독한 대가를 치르고 있는지를. 배심원 여러분, 만일 여러분이 저에게 유죄 평결을 내린다면, 여러분의 평결에는 오직 하나의 이유만이 있을 것입니다. 여러분의 가족을 지키려는 욕망, 생업을 재개하려는 욕구, 저를 단죄함으로써 프랑스의 국익을 해치는 캠페인을 저지할 수 있다는 신념이 바로 그것입니다.

만일 그런 일이 벌어진다면! 배심원 여러분, 그것은 절대적으로 잘못된 일입니다. 명예를 걸고 말씀드리건대, 저는 여기서 제 개인적 자유를 변호하려는 것이 아닙니다. 저를 단죄하는 것, 그것은 저를 더욱 더 대단한 인물로 키워주는 일일 뿐입니다. 모름지기 진실과 정의를 위해 고통을 감수하는 자는 결국 존엄하고 신성한 존재가 되기 마련입니다. 배심원 여러분, 저를 보십시오. 제 얼굴이 정녕 돈에 매수된 자, 거짓말쟁이, 배반자의 얼굴입니까? 정녕 제가 그런 일을 할 이유가 무엇입니까? 제 행동에는 어떤 정치적 야심도 어떤 종교적 열정도 없습니다. 저는 자유로운 작가로서 평생 글쓰기에 매달렸고, 내일이면 원래 생활로 되돌아가 그간 중단했던 작업을 계속할 것입니다. 한편 저를 이탈리아인이라고 부르는 자들[30]은 정말 한심한 자들입니다. 프랑스인 어머니가 낳아주셨고, 프랑스 땅의 농부들인 조부모님들이 키워주셨고, 이탈리아인 아버지는 일곱 살 때 돌아가셨고, 쉰네 살이 되어서야, 그것도 자료 조사를 위해 처음으로 이탈리아 땅을 밟은 저를 말입니다. 물론 저의 아버지가 영광의 역사로 빛나는 눈부신 도시 베니스 출신이라는 사실에 대한 저의 무한한 자부심과 프랑스에 대한 저의 한없는 애정은 별개의 문제입니다. 그리고 설령 제 국적이 프랑스가 아니라 할지라도, 지금까지 전 세계에서 수백만 부가 팔린 40권의 제 프랑스어 작품을 고려할 때 제가 과연 프랑스의 영광에 충실한 프랑스인이 되기에 그토록 모자란 사람일까요!

좋습니다, 저는 저를 변호하지 않겠습니다. 다만 거듭 말씀드리건대, 만일 저를 단죄하는 것이 불행한 우리나라의 질서를 회복하는 길이라고 생각하신다면 그것은 심각한 오류가 될 겁니다! 목하 우리나라를 죽이는 것이 그들이 몰고 온 단말마적 어둠이라는 사실을 왜 모르십니까? 위정자들은 끝없이 과오에 과오를 거듭하고 있고, 거짓은 또 다른 거짓을 부르고 있습니다. 하나의 사법적 오판이 저질러졌고, 이후 그것을 감추기 위해 매일매일 건전한 양식과 공평한 정신에 대해 새로운 테러를 가해야 했습니다. 한 범죄자의 무죄 석방을 위해서는 한 죄 없는 인간에 대한 유죄 선고가 필요했던 겁니다. 바야흐로 오늘 그들은 여러분에게 저를 단죄하기를 요구하고 있는데, 왜냐하면 제가 진창에 빠져드는 조국을 보면서 고통의 절규를 내질렀기 때문입니다. 좋습니다, 저에게 유죄를 선고하십시오! 그러면 그것은 지금까지의 과오에 추가되는 또 하나의 과오, 후일 역사 속에서 여러분이 책임져야 할 과오가 될 것입니다. 그리고 그 유죄 선고는 여러분이 바라는 평화, 우리 모두가 바라는 평화를 가져오기는커녕 새로운 혼란, 새로운 열정의 씨를 뿌리는 일이 될 것입니다. 모름지기 일에는 정도가 있습니다, 청컨대 여러분, 도를 지나치지 마십시오.

왜 여러분은 온 나라가 겪고 있는 끔찍한 위기를 직시하지 않습니까? 그들은 우리가 스캔들의 주동자들이며, 진실과 정의의 미명하에 나라를 탈선시키고 소요를 선동하는 악당들이라고 선전하고 있습니다. 실로 그것은 국민을 무시하는 처사입니다. 열여덟 달 전부터 사람들이 비요 장군에게 경고하지 않았습니까? 폭풍우가 몰아닥쳐 모든 것을 전복시키기 전에 재심을 수용하라고 피카르 중령이 그에게 간청하지 않았습니까? 프랑스를 생각하라고, 재앙을 방비하라고 쉐레르케스트네르 씨가 그에게 눈물로 호소하지 않았습니까? 아닙니다, 아니고말고요! 우리의 바람은 광풍을 가라앉히고 사태를 수습하는 것이었습니다. 나라가 이토록 심각한 위기에 빠진 것, 그것은 정치적 이해관계 때문에 범죄자들을 보호하려는 권력자들, 진실의 빛을 막을 수 있으리라 여기며 모든 것을 거부한 권력자들의 과오에서 비롯되었습니다. 암흑이 지배하는 세상을 만들기 위해 권력자들은 막후에서 온갖 음모를 다 꾸몄습니다. 오늘날 우리나라가 처한 끔찍한 혼란의 유일한 책임자는 바로 그들, 권력자들입니다.

드레퓌스 사건, 아! 배심원 여러분, 지금 이 시각 드레퓌스 사건 그 자체는 그것이 야기한 엄청난 문제들에 눌려 극히 사소한 사건이 된 듯합니다. 어쩌면 더 이상 드레퓌스 사건은 없을지도 모릅니다. 이제 문제는 프랑스가 여전히 인권의 프랑스, 세계에 자유를 주고 정의를 주어야 할 프랑스로 남을 것이냐 아니냐 하는 것입니다. 우리는 여전히 세계에서 가장 고귀한 민족, 가장 우애로운 민족, 가장 아량 있는 민족일까요? 우리는 유럽에서 공정성과 인류애의 화신이라는 우리의 명성을 지킬 수 있을까요? 우리가 이룩한 모든 영광이 벌써 위태로워진 것은 아닐까요? 눈을 뜨십시오. 그리고 프랑스의 영혼이 깊이 병들어 있고, 무시무시한 위기를 맞아 끔찍한 혼란에 빠져 있음을 직시하십시오. 윤리와 도덕이 파탄 지경에 이르지 않고서야 한 민족이 이토록 큰 혼란에 빠질 수는 없는 법입니다. 실로 비상한 위기의 순간입니다. 문제는 국가의 안녕입니다.

배심원 여러분, 여러분이 이 상황을 직시할 때, 여러분은 오직 하나의 처방만이 가능하다는 것을 알게 될 겁니다. 그것은 진실을 말하는 것, 정의를 구현하는 것입니다. 진실 규명을 지연시키는 모든 것, 어둠에 어둠을 더하는 모든 것은 위기를 연장시키고 악화시키게 될 겁니다. 위기를 끝내고픈 긴박한 욕망을 느끼는 선량한 시민들의 역할은 일체의 진실을 명료하게 밝히기를 요구하는 데 있습니다. 선량한 시민들의 수효는 지금도 적지 않습니다. 문인들, 철학자들, 과학자들이 도처에서 지성과 이성의 이름으로 분연히 떨쳐 일어나고 있습니다. 저는 아직 전 유럽을 엄습한 전율, 외국인들의 전율에 대해서는 언급조차 하지 않았습니다. 외국인들이 반드시 적은 아닙니다. 좋습니다, 내일 우리의 적으로 등장할 수 있는 국민들에 대해서는 이야기하지 맙시다. 그렇지만 우리의 동맹국인 위대한 러시아, 작지만 고결한 네덜란드, 사람 좋은 북유럽 국민들, 프랑스어권 국가인 스위스와 벨기에, 도대체 그들이 우리의 현실을 보고 그토록 가슴 아파하는 이유는 무엇일까요? 여러분은 정말 프랑스가 세계의 고립 국가가 되기를 원하십니까? 여러분은 정말 여러분이 국경을 넘을 때 공정성과 인류애의 화신이라는 여러분의 명성을 인정받기는커녕 아무도 여러분에게 미소 짓지 않아도 좋단 말입니까?

 이 얼마나 유감스러운 일인지요! 배심원 여러분, 다른 많은 사람들과 마찬가지로 여러분 역시 아마도 천둥 번개가 하늘에서 떨어지듯 어디선가 드레퓌스의 무죄의 증거가 나타나기를 기대하고 계실 겁니다. 그런데 진실은 통상 그런 식으로 나타나지 않습니다. 진실은 모종의 탐구와 모종의 지성을 요구합니다. 증거! 우리는 그들이 어디서 그 증거를 찾을 수 있을지 잘 알고 있습니다. 그러나 안타깝게도 우리는 그런 사실을 가슴속 비밀로 간직할 수밖에 없는 실정에 처해 있습니다. 그들이 군대의 명예를 거짓의 구렁텅이 속에 완전히 빠뜨린 후 어느 날 그 증거의 폭풍을 맞도록 예정되어 있음을 알고 있기에 우리는 더욱 괴롭습니다. 또한 우리는 분명히 밝혀두고자 합니다. 지금 이 자리에서 그 이름을 공개하지는 않겠지만, 몇몇 대사관 요인을 증인으로 소환하도록 요청했다는 사실 말입니다. 그들은 우리의 대담성을 미소로 일축했습니다. 그러나 저는 외무부 요인들이 미소 지었으리라고는 생각하지 않는데, 왜냐하면 그들은 정황을 이해했음에 틀림없기 때문입니다. 간단히 말해 우리는 진실을 알고 있는 사람들에게 우리 역시 그것을 알고 있노라고 말하고 싶었습니다. 이 진실은 지금 각국의 대사관에서는 공공연한 비밀이 되어가고 있고, 머지않아 모든 사람들에게 알려질 것입니다. 도저히 뛰어넘을 수 없는 겹겹의 관문으로 보호받고 있는 그 증인들을 찾아낸다는 것은 지금의 우리로서는 불가능한 일입니다. 그러나 모든 것을 알고 있는 정부, 우리처럼 드레퓌스의 무죄를 확신하고 있는 정부는 원하기만 하면 언제든지 아무런 위험 없이 진실을 규명할 그 증인들을 찾을 수 있을 것입니다.

맹세하건대, 드레퓌스는 무죄입니다. 그의 무죄에 제 인생을 걸고, 제 명예를 걸겠습니다. 이 엄숙한 시간, 인류의 정의를 대표하는 재판부 앞에서, 국가의 광명인 배심원 여러분 앞에서, 전 프랑스 앞에서, 전 세계 앞에서 저는 드레퓌스의 무죄를 단언합니다. 그리고 사십 년 간의 제 작업과 그 작업이 허용하는 권위에 기대어 저는 드레퓌스의 무죄를 단언합니다. 그리고 제가 이룬 모든 것, 제가 획득한 명성, 프랑스 문학의 확산에 기여한 제 작품들에 기대어 저는 드레퓌스의 무죄를 단언합니다. 만일 드레퓌스가 무죄가 아니라면, 제 작품이 사라져도, 제가 이룬 그 모든 것이 무너져도 좋습니다! 그는 무죄입니다.

상원과 하원, 문민 권력, 군부 권력, 거대 신문, 거대 신문이 중독시킨 여론 등 모든 것이 저에게 적대적입니다. 제 편으로는 오직 하나의 관념, 즉 진실과 정의의 이상만이 있을 뿐입니다. 그렇지만 제 마음은 너무나 평온합니다. 저는 승리할 것입니다.

저는 정녕 우리나라가 거짓과 불의 속에 머무르기를 원치 않았습니다. 오늘 여기서 저는 유죄 선고를 받을지도 모르겠습니다. 하지만 언젠가 프랑스가 자신의 명예를 구해준 데 대해 제게 감사할 날이 반드시 올 것입니다.

정의

이 글은 1899년 6월 5일 〈로로르〉에 발표되었다.

1898년 7월 16일 '브리송 씨에게 보내는 편지'라는 제목으로 발표한 마지막 글 이후 이때까지 열 달 반이 흘렀다. 1898년 7월 18일 베르사유 중죄재판소에서 변호인 라보리Fernand Labori의 재판 연기 신청이 기각되자 우리는 법정을 떠났었다. 내가 궐석(闕席)한 가운데 재판부는 다시 한번 내게 징역 1년과 벌금 3,000프랑이라는 판결을 선고했다. 바로 그날 저녁 나는 판결이 내게 통고될 수 없도록 하기 위해, 다시 말해 판결이 효력을 발휘할 수 없도록 하기 위해 조국을 떠나 런던으로 향했다. 나는 여기서 내가 오래도록 자리를 비운 동안 일어난 굵직굵직한 사건을 아주 짧게 요약하고자 한다. 1898년 8월 31일 자신이 허위 문서의 날조자라는 사실을 자백한 앙리 Hubert Henry 중령이 몽 발레리엥Mont-Valérien 형무소에서 자살한다. 9월 26일 파기원이 드레퓌스 사건의 재심 청구를 받는다. 10월 29일 파기원이 재심 청구를 타당한 것으로 받아들이며, 곧 보충 조사가 이루어질 것임을 공표한다. 10월 31일 브리송Henri Brisson 내각에 이어 뒤퓌Charles-Alexandre Dupuy 내각이 들어선다. 1899년 2월 16일 펠릭스 포르 대통령이 사망하고, 2월 18일 에밀 루베Emile Loubet 대통령이 그의 뒤를 잇는다. 파기원 형사 법정 단독재판권 해제법안이 3월 1일 의회에서 통과된다. 그리고 마침내 6월 3일 파기원이 1894년의 판결을 파기했기 때문에, 이 글이 발표되던 날, 즉 6월 5일 아침 나는 조국 프랑스로 돌아온다. 다른 한편 1898년 8월 10일 세 명의 필적 감정사, 벨롬 씨, 바리나르 씨, 쿠아르 씨의 청원에 따라 이루어진 궐석 재판에서 상고 법원은 나에게 집행유예 없이 징역 1개월과 벌금 1,000프랑, 그리고 고소인 각각에게 손해 배상금 1만 프랑을 지불하라는 판결을 내렸다.[31] 내가 프랑스에 없는 동안 세 필적 감정사는 9월 23일과 29일 내 집의 물건들을 압류하게 만들었고, 그에 따라 10월 10일 경매가 이루어졌다. 경매에서 테이블 하나가 3만 2,000프랑에 팔림으로써 벌금 총액을 충당하고도 남았다. 그보다 앞선 7월 26일 레지옹 도뇌르 훈장 심사위원회는 훈장 수훈자로서의 나의 자격을 이미 정지시킨 바 있다.

열한 달 전, 나는 프랑스를 떠났다. 열한 달 동안, 나는 나 자신에게 완전한 망명, 철저한 은거, 절대적 침묵을 강요했다. 나는 진실과 정의의 기다림 속에서 마치 스스로 죽음을 선택한 후 비밀의 무덤에 누운 시체처럼 살았다. 그리고 마침내 진실이 승리하고 정의가 구현된 오늘, 나는 다시 태어났고, 다시 돌아왔고, 나의 조국 프랑스에서 나의 자리를 되찾았다.

1898년 7월 18일은 내 인생에서 가장 끔찍한 날, 내가 내 모든 피를 다 쏟은 날로 기록되리라. 프랑스의 명예를 위해 함께 싸운 용감한 친구들의 말을 경청했기에, 한마디로 전략적 필요성 때문에 나는 내가 사랑한 모든 것, 머리에서 발끝까지 내게 익숙한 모든 것을 등지고 떠나지 않으면 안 되었는데, 그날이 바로 7월 18일이다. 그들이 내게 온갖 모욕을 퍼부으며 나를 위협한 최초의 날부터 따질 때, 그날 그 출발이야말로 분명 그들이 내게 강요한 가장 가혹한 희생, 내 입장에서 보자면 대의를 위한 가장 숭고한 희생이었다. 그러니 내가 단순히 감옥이 무서워 달아났다고 되뇌던 천박하고 어리석은 사람들은 자신들의 비열함과 아둔함을 동시에 입증한 셈이다.

감옥이라니, 천부당만부당하고말고! 그렇지만 나는 오직 감옥만을 요구했었다. 필요하다면 나는 지금도 감옥에 갈 마음의 준비가 되어 있다. 내가 감옥이 무서워 달아났다고 비난하는 사람들은 이 모든 이야기와 내가 자원했던 그 재판을 잊어버린 사람들일 것이다. 오직 진실이 자라날 텃밭이 되리라는 희망으로 내가 자원했던 재판, 오직 정의가 승리할 그날을 위해 자유도 휴식도 없는 폐허의 삶을 살 각오로 내가 자원했던 재판 말이다. 나의 변호인들, 나의 친구들 그리고 내가 벌였던 그 기나긴 캠페인이 정녕 최대한의 진실을 규명하기 위한 사심 없는 투쟁이었다는 것은 오늘날 너무도 분명하게 드러나지 않았는가? 우리가 시간을 벌고자 한 것, 우리가 소송에 맞서 소송을 제기한 것, 그것은 그들에게 도덕 준수의 의무가 있는 것과 마찬가지로 우리에게 진실 규명의 의무가 있었기 때문이며, 또한 우리가 우리 손에 쥔 진실의 희미한 불씨——다행히도 그것은 나날이 밝아지고 있다——를 꺼지게 하고 싶지 않았기 때문이다. 그것은 마치 거대한 바람 앞의 신성한 촛불처럼 보였는데, 우리는 지금 거짓에 속아 날뛰는 군중의 분노에 맞서 그것을 온전히 지키지 않으면 안 된다. 우리에게는 오직 하나의 전략밖에 없었다. 그것은 우리가 사건의 주인이 되고, 해결의 실마리가 나타날 때까지 되도록 사건을 길게 끌고, 그리하여 마침내 결정적 증거를 찾아 우리의 바람대로 사건을 해결하는 것이었다. 우리는 단 한 번도 우리 자신의 이해관계를 고려하지 않았다. 우리는 오직 인권의 승리를 위해서만 행동했거니와, 인권의 승리를 위해서라면 우리는 우리의 자유, 우리의 생명까지도 바칠 각오가 되어 있었다.

지난 7월 베르사유 법정에서 그들이 내게 강요했던 상황을 떠올려보라. 그것은 노골적인 교살이었다. 나는 그런 식으로 교살당하고 싶지 않았다. 의회가 부재하는 가운데 군중의 광기에 의해 처단당하는 것은 나로서는 받아들일 수 없는 일이었다. 우리는 진실의 행진이 계속되리라는 희망, 그리하여 정의가 구현되리라는 희망 속에서 10월까지 기다리고자 했다. 다른 한편 시시각각 진행되던 모든 은밀한 작업들, 우리가 에스테라지 소령에 대한 공개 심리와 피카르 대령에 대한 공개 심리에서 기대할 수 있었던 모든 것을 잊지 말아야 한다. 그 당시에는 에스테라지 소령도 피카르 대령도 감옥에 있었다. 만일 공개 조사가 정당하게 이루어진다면 반드시 진실이 만천하에 규명되리라고 우리는 생각했었다. 그리고 앙리 대령의 고백과 자살을 전혀 예견할 수 없는 상태였기에, 우리는 언젠가 폭발적으로 터져 나와 그 괴물 같은 사건을 진정 도도한 섬광으로 비출 어떤 불가피한 사건을 기다리고 있었다. 자, 이제 시간을 벌고자 했던 우리의 욕망을 이해할 수 있겠는가? 온갖 합법적 수단을 동원하여 정의 구현의 가장 적절한 시간을 선택하고자 한 것이 뭐가 그리 잘못이란 말인가? 그 당시 상황에 비추어 때를 기다리는 것이야말로 가장 험난하고 가장 성스러운 그 투쟁에서 승리하는 유일한 길이 아니었을까? 그 어떤 대가를 치르고서라도 우리는 기다리지 않으면 안 되었는데, 왜냐하면 우리가 알고 있었던 모든 것, 우리가 희망하고 있었던 모든 것은 우리로 하여금 승리의 날을 가을로 예정하게 했기 때문이다. 다시 한번 강조하건대 우리, 그들과 다른 우리는 아무것도 계산하지 않았다. 문제는 오직 죄 없는 한 인간을 구하는 것이요, 조국으로 하여금 지금껏 겪어보지 못한 가장 참혹한 정신적 재앙을 피하게 하는 것이었다. 이것은 거부할 수 없는 지상 명령과도 같았기에, 나는 나의 행동이 대의를 지켜내고 승리를 담보하리라고 확신하면서, 10월에 돌아오리라는 예고와 함께 모든 것을 감수하고 떠났던 것이다.

그러나 내가 오늘은 말하지 못하지만 언젠가는 말하게 될 것, 그것은 이 희생이 내게 준 단장의 슬픔과 쓰라린 고통이다. 사람들은 내가 다툼에서 이익을 끌어내는 논쟁가도 정치인도 아니라는 사실을 잊고 있다. 나는 평생 진실의 열정만을 가졌던 자유로운 작가, 진실을 위해 온갖 전장에서 싸웠던 자유로운 작가이다. 사십 년 전부터 나는 노동과 신념이 내게 준 모든 힘과 용기를 경주하여 펜으로 조국에 봉사해왔다. 그리고 고백하노니 캄캄한 밤에 홀로 타국을 향해 떠나려 했을 때, 정의의 수호자라는 프랑스의 명예와 영광을 지키려 했으나 오히려 저 멀리 프랑스의 등불이 가물가물 꺼져가는 것을 바라봐야 했을 때, 나는 정말 형언할 수 없는 고통을 느꼈다. 나! 벌써 사십여 권의 책으로 프랑스를 찬미했던 나! 오직 프랑스라는 이름을 세계만방에 알리기 위한 기나긴 노력만으로 살아온 나! 미친 사냥개 같은 자들이 위협과 모욕을 퍼부으며 뒤를 쫓는 가운데 홀로 먼 길을 떠나야만 했던 나! 그것은 실로 가혹한 시간이었는데, 사람이란 이런 가혹한 시간을 관통하면 그 어떤 편파적인 공격도 이겨낼 수 있는 법이다. 수개월의 망명 기간 동안 점점 멀어져가는 정의의 날을 손꼽아 기다리면서 조국으로부터 하루하루 잊혀

져 가는 고통을 도대체 누가 상상이나 할 수 있을까? 나는 이 세상에서 가장 사악한 죄인이라 할지라도 열한 달 동안 머나먼 이국땅에서 매일 아침 조국에서 온 속보, 광기와 재앙의 끔찍한 메아리를 전하는 속보를 읽으며 내가 느꼈던 고통을 형벌로 받지 않기를 바란다. 모름지기 내가 이제 막 겪은 비극적 망명이 무엇인지를 알기 위해서는 이 고통과 더불어 기나긴 고독의 시간을 보내봤어야 하며, 또한 조국이 궤멸되는 위기를 멀리서, 그것도 혼자서 지켜봤어야 한다. 요컨대 내가 감옥행을 피하기 위해, 나아가 유태인의 황금으로 외국에서 축제를 즐기기 위해 조국을 떠났다고 생각하는 사람들은 내게 약간의 혐오와 동시에 엄청난 연민을 불러일으키는 가련한 자들이다.

나는 10월에 돌아올 예정이었다. 우리는 뜻밖의 사건, 그 추이에 따라 우리에게 확실한 '사건'이 될 수도 있는 하나의 사건이 터지기를 고대하면서 의회가 다시 열릴 때까지 기다릴 작정이었다. 그런데 그 뜻밖의 사건은 정말 뜻밖에 일어났다. 그것은 10월이 아닌 8월 말에 일어났는데, 바로 앙리 대령의 고백과 자살이 그것이다.

그 이튿날 당장 나는 귀국하고자 했다. 재심이 불가피해진 상황이었기에, 내 눈에는 드레퓌스의 무죄가 즉각 인정될 것처럼 보였다. 게다가 나는 오직 재심만을 요구해온 터였기에, 프랑스 최고 법원인 파기원에의 제소가 이루어지자마자 나의 역할은 필연적으로 끝난다고 생각했다. 나는 사라질 준비가 되어 있었다. 나의 재판에 관한 한, 그것은 내가 보기에 펠리외 장군, 공스 장군, 드 부아데프르 장군이 제시하여 배심원들의 평결 기준이 된 그 서류——그 작성자는 이미 사후세계로 도피한 상태이다——가 완전 가짜였음이 밝혀진 지금 그저 하나의 순수한 형식적 절차에 지나지 않았다. 그래서 나는 귀국을 준비했는데, 바로 그때 파리의 내 친구들, 내 변호인들, 여전히 투쟁의 소용돌이 속에 있었던 그 모든 사람들이 내게 불안으로 가득 찬 편지를 보냈다. 상황은 아직도 심각했다. 재심은 결정되기는커녕 여전히 성사 여부가 불투명했다. 내각 수반 브리송 씨는 경찰조차 전혀 장악하지 못한 채 만인의 배반에 시달리며, 끊임없이 재생되는 수많은 장애물에 부딪쳤다. 따라서 나의 귀국은 과도한 군중의 광기 가운데 자칫 새로운 폭력의 빌미를 제공할 우려가 있었고, 그렇지 않아도 곤경에 처해 있는 내각에 또 하나의 골칫거리를 안겨주고 어쩌면 대의마저 위험에 빠뜨릴 가능성이 있는 것으로 보였다. 상황을 복잡하게 만들고 싶지 않았기에, 나는 욕망을 접었고, 좀더 참고 기다리는 데 동의했다.

그 후 마침내 파기원 형사 법정에의 제소가 이루어졌을 때, 나는 다시 한번 귀국하고자 했다. 거듭 말하지만 나는 오직 재심만을 요구했었기에, 사건이 법에 의해 제정된 최고 법원에 제소되는 순간 내 역할은 끝이 난다고 생각했다. 그러나 내게 더 기다리기를, 아무것도 서두르지 말기를 간청하는 새로운 편지들이 속속 도착했다. 내게 그토록 단순해 보이는 상황이 사람들의 말에 따르면 반대로 위험과 암흑으로 가득 차 있었다. 에밀 졸라라는 나의 이름, 나의 개성은 다시 대화재를 초래할 불씨일 수밖에 없다는 것이었다. 그리하여 내 친구들, 내 변호인들은 우리의 가련한 조국을 불행한 혼란에 빠뜨리지 않기 위해 여론이 결정적으로 돌아설 때까지 기다리자고 말하며, 한마디로 여론 진정의 필요성을 거론하며 선량한 시민으로서의 내 감정에 호소했다. 사건이 바람직한 경로로 들어섰지만, 끝난 것은 아무것도 없었다. 만일 나의 조바심이 진실의 승리를 지연시킨다면, 그때 나는 얼마나 후회하게 될까! 나는 다시 한번 욕망을 접었고, 고독과 침묵의 고통 속으로 되돌아갔다.

재심 요구를 받아들인 파기원 형사 법정이 광범위한 조사를 벌일 것을 결정했을 때, 나는 다시 한번 귀국하고자 했다. 고백하건대 그때에는 내 인내심도 한계에 이르렀었다. 나는 이 조사가 수개월에 걸쳐 이루어지리라는 것을 잘 알고 있었고, 따라서 이 조사가 내게 기나긴 고통을 계속 강요하리라는 것을 예감했다. 그런데 그 당시 진실 규명은 이미 충분히 이루어진 상태가 아니었던가? 바르Bard 판사의 보고서, 검찰총장 마노Jean-Pierre Manau의 논고, 변호인 모르나르Henry Mornard

의 변론은 내가 당당히 고개를 쳐들고 귀국하기에 충분한 진실을 이미 밝혀내지 않았던가? 〈공화국 대통령 펠릭스 포르 씨에게 보내는 편지〉에서 내가 행한 모든 고발은 정당한 것으로 확인되었다. 나의 역할은 끝이 났고, 따라서 남은 일은 내 본연의 업무로 되돌아가는 것뿐이었다. 하지만 바로 그때 내 친구들이 또다시 나의 귀국을 만류했고, 그 만류에 솔직히 이번에는 격한 슬픔과 함께 강한 반발심이 솟구쳐 올랐다. 여전히 격렬한 투쟁을 벌이고 있던 내 친구들은 망명 중인 나로서는 그들처럼 사태를 정확하게 파악할 수 없다고, 파기원 형사 법정의 조사와 병행해서 내 재판을 재개시키는 것은 정말 위험한 실수가 될 수 있다고 편지 속에서 경고했다. 그들의 판단 근거는 다음과 같은 것이었다. 재심에 반대하는 새 내각은 이 재판에서 국론 분열을 이끌어내고 새로운 혼란의 기회를 모색할 것이 틀림없다. 아무튼 법원은 절대적 평화를 필요로 하고 있다. 만일 내가 자칫 잘못 행동하여 대중의 감정을 자극한다면, 재심 반대파들은 어김없이 이를 이용하려 들 것이고, 법원은 매우 당황해 할 것이다. 나는 갈등했다. 사실 나는 이 모든 충고에 맞서 아무에게도 알리지 않고 어느 날 저녁 파리로 들어가고 싶었다. 그러나 결국 지성이 본능을 눌렀다. 나는 몇 달 더 고통을 감내하기로 했다.

 이것이 바로 열한 달 동안 내가 고국으로 돌아오지 못한 이유이다. 멀리 떨어져 있으면서도 나는 고국을 떠나기 전 그랬던 것처럼 진실과 정의의 파수꾼으로서 행동했다. 나는 망명과 실종을 감수하면서까지 진실과 정의에 헌신한 선량한 시민, 조국의 안정을 위해, 괴상망측한 사건에 대한 소모적 논쟁을 쓸데없이 부추기지 않기 위해 조국에서 사라지는 데 동의한 선량한 시민일 뿐이었다. 나는 또한 승리의 확신 속에서 내 재판을 최후의 수단으로서, 사악한 무리들이 태양의 불을 꺼트렸을 때 가만히 다시 지필 성스러운 등불로서 간직하고 있었음을 말해야겠다. 나의 희생의 절정, 그것은 완전한 침묵이었다. 나는 하나의 시체, 그것도 말 없는 시체가 되고자 했다. 국경을 넘자, 나는 침묵했다. 사람이란 자기 말에 대해 책임을 지기 위해서는 자기 조국에서만 발언해야 한다. 아무도 내 말을 들을 수 없었고, 아무도 내 모습을 볼 수 없었다. 되풀이하자면 나는 그 어떤 이방인도 들어올 수 없는 완벽한 은거지, 즉 하나의 무덤에서 살았다. 나와 접촉했다고 주장한 몇몇 기자들의 말은 완전한 거짓이다. 나는 아무도 만나지 않았다. 나는 세상을 등진 채 사막에서 살았다. 나는 조국의 평화를 위해 스스로를 애국적 침묵 속으로 추방했거니와, 그 열한 달의 추방 생활 동안 나의 조국, 내게 그토록 가혹했던 나의 조국이 나를 어떻게 비난했는지 나는 모른다.

어쨌든, 모든 것은 끝났다. 그리고 진실이 밝혀지고 정의가 회복되었기에, 나는 돌아왔다. 나는 나의 귀국이 거리의 대중들에게 추호의 혼란과 동요도 일으키지 않기를 바랐고, 평온한 승리와 더불어 조용히 돌아오고 싶었다. 만일 사람들이 한순간이나마 나를 대중 시위의 저급한 악용자로 취급한다면, 그것은 내게 정말 억울한 일이 되리라. 내가 국외에서 침묵을 지킬 수 있었던 것과 마찬가지로, 이제 나는 조국에서 아무도 방해하지 않으며, 또한 누구로부터 간섭받지도 않으며 묵묵히 일상적 활동을 해나가는 선량한 시민으로서 제자리를 찾을 수 있으리라.

일이 다 잘된 지금, 설령 내가 유용한 일꾼 중의 하나로 평가받는다 할지라도, 나는 그 어떤 찬사도 그 어떤 보상도 원치 않는다. 나는 그럴 만한 일을 하지 않았다. 진정 아름답고 인간적이었던 것은 바로 대의였다! 진실이 승리했으며, 그것은 누구도 막을 수 없는 일이었다. 시초부터 나는 승리를 확신했었다. 나는 발걸음을 굳건하게 내디뎠고, 아무것도 내 용기를 꺾을 수 없었다. 모든 것이 너무도 간명했다. 내게 경의를 표하고 싶다면, 내가 짐승도 악당도 아니었다고 말해주는 것으로 족할 것이다. 게다가 나는 이미 보상을 받은 셈이다. 즉 사 년 동안 산 채로 갇혀 있던 감옥으로부터 빠져나올 수 있도록 내가 도와준 그 죄 없는 사람을 생각하는 기쁨이야말로 최상의 보상이 아니겠는가. 아! 고백하건대 그가 돌아오고, 그의 자유를 목도하고, 그와 악수하는 장면을 상상만 해도 나는 두 눈에 행복한 눈물이 넘쳐흐르고 가슴에 형용할 수 없는 감동이 솟구쳐 오른다. 그 한순간이야말로 나의 온갖 고초를 보상하기에 충분하리라. 나의 친구들과 나, 우리는 정녕 옳은 행동을 했으니, 정직한 프랑스인이라면 그 행동에 대해 경의를 표하리라. 그렇다면 무엇을 더 바라겠는가, 우리를 사랑할 한 집안이 있고, 우리를 찬양할 한 아내와 아이들이 있고, 자신의 존재로써 인권과 인간 연대의 승리를 구현하매 우리에게 감사할 한 사내가 있는데!

그렇지만 개인적으로는 작금의 투쟁이 끝났다 하더라도, 내가 승리에서 정치적 권한, 지위, 명예 등 그 어떤 이권도 얻어내고 싶지 않다 하더라도, 내 유일한 야망이 그것을 쥘 수 있는 한 펜으로 진실의 투쟁을 계속하는 것이라 하더라도, 다른 투쟁으로 넘어가기 전에 작금의 전투에서 내가 어떤 신중함과 절제를 발휘했는지 밝혀두고 싶다. 나의 〈공화국 대통령 펠릭스 포르 씨에게 보내는 편지〉가 불러일으킨 그 끔찍한 아우성을 기억하는가? 나는 군대를 모함하는 자요, 적에게 매수당한 자요, 조국을 버린 자였다. 문단의 내 친구들조차 대경실색한 채 멀어져갔고, 내 범죄를 두려워하며 나를 버렸다. 나에 대한 비난의 글들, 후일 그 작성자들의 양심을 무겁게 짓누를 비난의 글들이 줄을 이었다. 요컨대 천박과 광기와 교만에 물든 그 어떤 작가도 국가 원수에게 그보다 더 상스럽고, 거짓되고, 범죄적인 편지를 보낸 적이 없었다는 것이다. 그렇지만 지금, 바로 지금 그 가련한 편지를 다시 읽어보기를! 고백하자면 나는 좀 부끄럽다. 그 신중함, 그 기회주의, 심지어 그 비겁함이 나는 부끄럽다. 왜냐하면 고해의 이 시간, 나는 그 당시 내가 여러 요소를 대폭 순화시켰음을, 너무나 괴상하고 불합리하게 보였기에 나 역시 의심했으나 어찌할 수 없었던 많은 것, 오늘날에는 그 진실이 만천하에 밝혀진 많은 것에 대해 침묵했음을 인정할 수 있기 때문이다. 그렇다, 그 당시 나는 이미 앙리에게 혐의를 두고 있었다, 하지만 문제 삼지 않는 것이 상책이라고 판단했을 정도로 아무런 증거가 없었다. 나는 숨겨진 많은 이야기들을 짐작할 수 있었다. 몇몇 사람들이 내게 속 깊이 숨겨둔 비밀을 털어놓았는데, 그 비밀은 너무도 끔찍해서 나로서는 그것이 초래할 엄청난 결과를 생각할 때 도저히 폭로할 권리가 없다고 판단했을 정도였다. 그런데 오늘날 그 비밀들이 누구나 다 아는 사실, 진부한 사실이 된 것이다! 그리고 오늘날 내 가련한 편지는 참담한 현실 앞에서 유치한 아동소설, 미온적인 소설가의 미온적인 작품으로 보일 정도로 아무런 의미가 없어진 것이다!

거듭 말하건대, 나는 개인적으로 승리하고픈 욕망도 욕구도 없다. 그렇지만 나는 지금 이 시각 이런저런 사건들이 내가 한 모든 고발의 정당성을 입증했음을 확인해두고 싶다. 내가 고발한 사람들 중에서 치밀한 조사 앞에 그 범죄성이 드러나지 않은 사람은 단 한 사람도 없다. 내가 예고했던 것,

내가 예견했던 것은 지금 모두 움직일 수 없는 사실이 되어 있다. 그리고 내가 아직도 은근히 자부하고 있는 것, 그것은 내 편지에 폭력성이나 과격성이 없었다는 사실, 내 편지가 진정 올곧은 이성의 산물이었다는 사실이다. 거기엔 모욕도 과격한 언사도 없었다. 거기엔 오직 국가 원수에게 정의를 요구하는 한 시민의 고고한 고뇌만이 있었을 뿐이다. 내가 책 한 권, 글 한 줄을 쓸 때마다 사람들은 다음 날이면 어쩔 수 없이 나의 정당성을 인정하면서도, 당장에는 모욕과 비난을 퍼부어대곤 했다. 어쨌거나 내 글은 모두 좀 전에 말한 방식으로 씌어진 것이었다.

지금 내 마음은 분노도 원한도 없이 평온하다. 설령 나의 약점을 지적하고, 나의 지성을 경멸하는 소리가 들린다 할지라도, 나 개인적으로는 공공의 경멸이 악의 무리를 처단할 때까지 기다릴 것이며, 나아가 모든 것을 용서할 것이다. 하지만 그렇다고 하여 그에 상응하는 형사 처벌이 필요 없다는 뜻은 결코 아니다. 만일 엄격한 판례가 만들어지지 않는다면, 만일 법정이 지체 높은 죄인들을 단죄하지 못한다면, 어떤 백성이 범죄를 두려워하고 법질서를 신뢰하겠는가. 궁극적으로 군중이 알기 위해서는 죄인의 공시대(公示臺)가 세워지지 않으면 안 된다. 나는 여신 네메시스Nemesis[32]가 복수라는 자신의 임무를 수행하도록 내버려둘 것이다. 비록 그 임무 수행을 돕지는 않겠지만 말이다. 그리고 이상의 승리에

전적으로 만족하는 시인으로서의 무한한 관용 정신 가운데서도, 피카르 대령이 여전히 감옥에 있다는 사실을 떠올릴 때마다 주체할 수 없는 반항심이 인다. 망명 생활 중에도 나는 감옥에 있는 그를 형제애와 더불어 고통스럽게 떠올리지 않은 날이 단 하루도 없다. 피카르를 체포했다는 것, 일 년 전부터 그를 죄인처럼 감옥에 가두고 있다는 것, 가장 비열한 사법적 코미디를 통해 그의 고통을 연장했다는 것은 실로 이성을 마비시키는 괴담이 아닐 수 없다. 이 최악의 불의에 손을 담갔던 모든 사람들의 얼굴에 지워지지 않는 오점이 남으리라. 만일 내일 당장 피카르가 석방되지 않는다면, 프랑스는 자신의 자식들 중에서 가장 고결하고, 가장 영웅적이고, 가장 영광스러운 자식을 망나니들, 거짓말쟁이들, 사기꾼들의 사악한 손에 맡긴 기이한 광기의 오욕을 영원히 씻을 수 없으리라.

무슨 일이 있어도, 결국 역사의 과업은 완수될 것이다. 그리고 그것은 증오의 결실이 아니라 우리가 씨를 뿌린 선의와 정의와 무한한 희망의 결실일 수밖에 없다. 그 결실은 계속 풍요로워져야 한다. 물론 오늘 우리는 그 결실의 풍요로움을 예측할 수 있을 뿐이다. 정당이란 정당은 모두 궤멸 상태에 놓여 있고, 나라는 두 진영으로 쪼개졌다. 한쪽에는 과거를 희구하는 반동 세력이 있고, 다른 한쪽에는 미래를 지향하는 비판, 진실, 정의의 정신이 있다. 유일하게 논리적인 것은 이 정신뿐이다. 우리는 내일의 정복을 위해 이 정신을 지키지 않으면 안 된다. 펜으로, 말로, 행동으로 과업을 이루자! 진보와 해방의 과업을! 과업의 완수와 함께 1789년 프랑스 대혁명의 완성이, 지성과 감성에 의한 평화적 혁명이, 사악한 세력으로부터 해방된 그리고 마침내 부의 공정한 분배를 가능케 할 노동법에 기초한 강고한 민주주의가 실현되리라. 그리하여 자유로운 프랑스, 다음 세기의 민주 사회를 이끌 정의로운 프랑스가 다시 세계의 으뜸 국가로 우뚝 서리라. 이전에 프랑스가 세계에 자유를 주었듯, 이후에 프랑스가 세계에 정의를 주는 날, 철권을 휘두르는 절대 권력은 반드시 절대 몰락의 길을 걸으리라. 내가 보기에 프랑스에게 걸맞은 다른 역사적 역할은 없다. 그리고 내가 알기에 프랑스는 아직 이런 식의 찬란한 영광을 안은 적이 없다.

나는 지금 집에 와 있다. 따라서 검찰총장은 원한다면 나로 하여금 베르사유 중죄재판소, 내게 3,000프랑의 벌금과 1년 징역형을 선고한 베르사유 중죄재판소의 판결에 서명하게 할 수 있으리라. 그리고 우리는 배심원 앞에 다시 서게 되리라.

나를 기소하게 하면서 내가 원했던 것은 오직 진실과 정의뿐이다. 그런데 진실과 정의가 오늘 실현되었다. 따라서 나의 재판은 더 이상 쓸모가 없으며, 따라서 나는 나의 재판에 더 이상 흥미를 느끼지 못한다. 다만, 정의는 말해야 하리라,

진실 규명을 원하는 범죄가 바로 우리 눈앞에 있음을.

제5막

이 글은 1899년 9월 12일 〈로로르〉에 발표되었다.

그때 나는 내가 궐석한 가운데 이루어진 베르사유 중죄재판소의 결정과 (세 명의 필적 감정사들이 제기한 소송에 대한) 파리 상고법원의 판결에 대해 이의 신청을 한 후 그 결과를 기다리고 있었다. 재판부는 전혀 서두르지 않았는데, 왜냐하면 렌에서 열리는 드레퓌스 사건 재심의 결과를 알고자 했기 때문이다. 1899년 6월 12일 뒤퓌 내각이 무너짐에 따라 6월 22일 발데크 루소René Waldeck-Rousseau 내각이 들어섰다. 7월 1일 폭풍우가 몰아치는 캄캄한 밤에 마침내 드레퓌스가 배에서 내려 프랑스 땅을 다시 밟았다. 8월 8일 재심이 시작되었고, 9월 9일 군사 법정은 다시 한번 그에게 유죄를 선고했다. 내가 이 글을 쓴 것은 바로 그 이튿날이다.

지금 내 앞에 있는 것은 공포 그 자체이다. 그것은 더 이상 분노도, 복수심에 불타는 노여움도, 범죄를 고발하고 진실과 정의의 이름으로 징벌을 요구하고 싶은 욕망도 아니다. 그것은 공포, 불가능한 것이 실현되고, 강물이 수원(水源)으로 거슬러 올라가고, 하늘과 땅이 뒤바뀌는 것을 목격하는 자가 느끼는 신성한 공포이다. 그리고 나의 외침, 그것은 관용의 나라 프랑스, 고결한 나라 프랑스의 탄식이며, 그 프랑스가 굴러 떨어지는 심연에 대한 전율적 두려움이다.

우리는 렌의 재판이 2년 전부터 우리가 겪은 참혹한 비극의 제5막이 되리라고 생각했었다. 우리가 보기에는 온갖 우여곡절이 다 지나갔고, 모두가 평화와 화합의 결말을 향해 나아갈 듯했다. 고통스런 전투가 종결되었으므로, 인권의 승리는 불가피했고, 연극은 죄 없는 자의 고전적 승리로 행복하게 끝나야 했다. 하지만 우리가 틀렸다. 새로운 파란이 일고 있는데, 그것은 파란 중에서도 가장 끔찍하고 가장 예기치 않았던 파란으로서 드라마에 짙은 그늘을 드리우고 있고, 드라마를 미지의 결말을 향해 치닫게 하고 있다. 그리고 이 미지의 결말을 앞두고 우리의 이성은 속절없이 혼란과 마비에 빠져들고 있다.

렌의 재판은 결단코 제4막에 불과했다. 그렇다면, 맙소사! 제5막은 어떻게 될 것인가? 제5막은 대체 어떤 새로운 고뇌와 새로운 고통으로 이루어져 있을까? 제5막은 대체 조국을 어떤 지난한 속죄의 길로 몰아넣을까? 죄 없는 자가 두 번씩이나 처벌받을 수 없다는 것, 그리고 차제의 이 결말이야말로 태양을 꺼지게 하고 민중을 분연히 떨쳐 일어나게 하리라는 것은 두말할 필요조차 없지 않은가!

 아! 다시는 이런 열정과 혼란의 한복판에 서지 않기를 바라면서, 그리고 선량한 시민으로서 역사의 무대로부터 명예롭게 퇴장하기를 바라면서 망명 생활의 절대적 고독 속에서 내가 겪은 그 모든 정신적 고통이 바로 이 제4막, 바로 이 렌의 재판을 위해서였단 말인가! 아, 얼마나 큰 단장의 슬픔 속에서 고국의 소식과 편지와 신문을 기다렸던가, 그리고 그것들을 읽으며 얼마나 큰 분노와 고통을 느꼈던가! 찬란한 8월의 태양에 문득 먹구름이 드리워졌고, 내 평생 이토록 눈부신 태양 아래 이토록 끔찍한 비애의 냉기와 암흑을 느껴본 적은 결코 없다.

 정말이지 고통이라면 2년 전부터 충분히 겪었다. 나는 내 발뒤꿈치에서 죽음을 요구하는 군중의 함성을 들었고, 내 발밑에서 넘쳐흐르는 모욕과 위협의 물결을 보았으며, 열 달 동안 망명 생활이라는 극한의 절망을 겪었다. 그리고 불의와 만행으로 가득 찬 통탄스러운 광경들, 즉 나에 대한 두 재판이 있었다. 하지만 어떻게 그 두 재판을 방금 막 끝난 렌의 재판에 비할 수 있을까? 후자에 비하면 전자는 차라리 희망이 꽃피는 목가요, 머리를 식히는 심심파적일 뿐이다. 우리는 이미 피카르 대령에 대한 기소, 파기원 형사 법정에 대한 조사, 그에 따른 형사 법정 단독재판권 해제법 제정 등 말도 안 되는 수많은 비행을 목격한 바 있다. 그런데 그 모든 것이 이제 보니 치기 어린 장난에 지나지 않았고, 사태는 진정 끔찍한 방향으로 발전하고 말았다. 이를테면 시궁창에서 핀 더러운 꽃처럼 렌의 재판이 단말마적 사태의 절정에서 활짝 꽃피고 있는 것이다.

사람들은 여기서 진실과 정의에 대한 더없이 참혹한 테러 행위의 결정체를 보았으리라. 가령 한 무리의 증인이 논쟁을 이끌고, 매일 한자리에 모여 이튿날의 흉계를 꾸미고, 거짓말을 늘어놓으며 마치 검찰인 양 행세하고, 반대자들에게 협박과 모욕을 퍼붓고, 그들의 계급을 거만하게 과시하는 것을 보았으리라. 또한 군부 수장들의 공세에 짓눌린 재판부가 그들의 소환에 대해 엄청난 부담을 느끼고, 하나의 특수한 집단정신——후일 재판관들을 재판하기 위해 이 집단정신의 존재를 끈질기게 증명해야 하리라——에 복종하는 것을 보았으리라. 또한 기괴한 검찰이 끝 모를 어리석음에 빠져들고, 정녕 영원한 웃음거리가 될 논고, 즉 무의식에서 나왔거나 진화 이전의 짐승 인간에게서 나온 것처럼 보이는 아둔함의 극치를 내일의 역사가들에게 남기는 것을 보았으리라. 또한 변호인들이 처음에는 암살 위협에 시달리고, 그 다음에는 곤란한 질문을 할 때마다 발언을 제지당하고, 진실을 알고 있는 증인의 출석을 요구하여 결정적인 증거를 제시하려 할 때마다 변론을 거부당하는 것을 보았으리라.

한 달 동안 온갖 가증스러운 언행이 죄 없는 사람, 그 초췌한 모습이 길가의 돌조차 울게 했을 법한 가련한 드레퓌스 앞에서 줄을 이었다. 옛 동료들은 또다시 그에게 발길질을 했고, 옛 상관들은 감옥행을 면하기 위해 계급으로 그를 짓눌렀다. 이 비열한 인간들에게는 한마디 연민의 절규도, 한 줄기 관용의 전율도 없었다. 세계만방에 이 같은 볼거리를 제공한 것이 바로 우리의 아름다운 프랑스라는 사실을 기억하자.

후일 재판 기록의 전문이 공개되는 날, 렌의 재판은 틀림없이 인류 최악의 불명예로 일컬어지리라. 무엇으로 그 일을 막겠는가, 결코 이보다 더 흉악한 문서가 역사에 제공된 적이 없으니 말이다. 무지, 어리석음, 광기, 잔인함, 거짓말, 범죄가 그 문서 속에서 너무도 뻔뻔스럽게 모습을 드러내고 있어 우리를 뒤이을 모든 세대가 극도의 수치심에 몸을 떨리라. 그 속에는 우리의 저열한 속성에 대한 온갖 고백이 있거니와, 전 인류가 그로 인해 얼굴을 붉히리라. 진정 나를 두렵게 하는 것은 바로 이것인데, 왜냐하면 말할 수 없이 끔찍한 위기를 겪은 타락한 국가만이 그런 재판을 낳을 수 있고, 스스로의 도덕적·정신적 상태에 대한 그런 진단서를 문명 세계에 제시할 수 있기 때문이다. 정녕 우리에게 내일은 없는 것일까? 정녕 그 어떤 선의·순수·정의의 샘물이 우리 몸에 묻은 독의 흙탕물을 씻어줄 것인가?

에스테라지의 추악한 무죄 석방 직후 내가 〈공화국 대통령 펠릭스 포르 씨에게 보내는 편지〉에서 그렇게 썼던 것처럼, 한 군사 법정이 내린 판결을 다른 군사 법정이 파기하는 것은 불가능하다. 그것은 규율에 어긋나는 일인 것이다. 곤혹스러운 위선과 더불어 내려진 렌의 판결, '예' 혹은 '아니요'를 분명히 말할 수 없었던 렌의 판결이야말로 군사 법정이 진정으로 정의롭기 힘들다는 사실에 대한 결정적 증거인데, 왜냐하면 군사 법정이란 스스로의 무류성을 의심하기보다는 차라리 죄 없는 자를 다시 처벌하기를 택할 정도로 자유롭지 못하고, 심지어 명백한 사실에도 눈을 감기 때문이다. 공정과 양식 그리고 간단한 이치조차 받아들일 수 없는 군사 법정은 이제 군대의 수장들의 손에 쥐인 처형의 무기에 지나지 않는다. 어쩌면 평화 시에는 군사 법정이 사라져야 옳지 않을까. 군사 법정은 렌의 재판을 통해 스스로를 처단한 셈이다.

문명국 가운데 도대체 어느 국가에서 지금 우리가 겪고 있는 이런 처참한 상황이 발생할 수 있겠는가? 첫 번째 군사 법정이 법에 대한 무지와 미숙한 판단력으로 죄 없는 자를 처벌한다. 두 번째 군사 법정이 거짓과 기만으로 가득 찬 파렴치한 음모로 죄 있는 자에게 무죄 선고를 내린다. 진실이 밝혀지고 국가 최고 기관이 오류를 수정할 영예로운 기회를 주었음에도 불구하고 세 번째 군사 법정이 진실의 빛을 감히 부정하고 다시 한번 죄 없는 자를 처벌한다. 이것이야말로 치유할 수 없는 최악의 범죄가 아니고 무엇일까. 예수도 단 한 번 처벌받았을 뿐이다. 동료들이 틀렸고 상관들이 거짓말쟁이이자 진실 은폐자일 수 있다고 고백하는 것보다 모든 것이 무너지고, 프랑스가 과격파의 먹이가 되고, 조국이 잿더미로 변하고, 군대마저 자신의 명예를 그 잿더미에 묻는 것이 더 옳단 말인가! 바야흐로 이상(理想)이 십자가에 못 박히고, 칼이 왕으로 군림하고 있다.

그리고 이 어처구니없는 상황에 놓인 우리가 유럽 앞에, 세계 앞에 서 있다. 목하 전 세계가 드레퓌스의 무죄를 확신하고 있다. 설령 머나먼 이방에서 이런 의혹이 있었다 하더라도, 렌의 법정에 비친 눈부신 진실의 빛이라면 그 의혹을 해소할 수 있었으리라. 우리와 이웃한 강대국들은 모두 올바른 정보를 갖고 있고, 문제의 문서를 제대로 파악하고 있으며, 몇몇 우리나라 장군의 비행 및 우리나라 군사 법정의 수치스러운 마비 상태를 잘 알고 있다. 이를테면 우리는 도덕적 스당sedan의 전투[33]에서도 패한 셈인데, 이번 전투는 피로 얼룩진 진짜 스당의 전투보다 백 배, 천 배 더 참혹하다. 거듭 말하자면 나를 진정 두렵게 하는 것, 그것은 우리의 명예와 관련한 이 도덕적 패배가 치유할 수 없는 것이라는 사실에 있다. 도대체 어떻게 세 군사 법정의 판결을 파기할 것인가? 도대체 어디서 과오를 고백할 용기 있는 영웅, 우리로 하여금 다시 당당히 고개를 들고 다니게 해줄 영웅을 찾을 것인가? 민족을 구원할 용기 있는 정부는 도대체 어디에 있는가? 대(大)궤멸의 순간이 닥치기 전에 사태의 심각성을 인식하고 그에 따라 행동할 의회는 도대체 어디에 있는가?

최악의 사실은 프랑스의 영광이 그 한계점에 다다랐다는 것이다. 프랑스는 노동과 과학과 자유·진리·정의를 위한 투쟁으로 빛나는 한 세기를 축성하고자 했다. 후일 모든 사람이 알게 되리라, 역사상 이보다 더 고귀한 노고의 세기가 없었음을. 프랑스는 자신의 승리, 자유의 쟁취, 진실과 정의 실현의 약속을 세계에 고하기 위해 만국의 민족을 자기 땅에 초청했다.[34) 그리하여 몇 달 후면 만국의 민족이 이 땅으로 몰려올 것이다. 그런데 그들이 목격할 것이 두 번 처벌받은 죄 없는 자요, 능욕당한 진실이요, 암살당한 정의라면 그 일을 어찌 할 것인가. 우리는 이미 그들에게 경멸당하고 있다. 그들은 우리 땅에 와서 흥청망청 놀 것이다. 그들은 마치 천하게 노는 게 마땅한 변두리 여관인 양 우리 땅에서 우리 술을 마시고, 우리 하녀들을 껴안을 것이다. 그게 말이나 될 법한 일인가? 정말 우리의 만국박람회가 만국의 민족이 먹고 마시고 노는 능욕의 광장이 되도록 방치할 것인가? 안 된다, 안 되고말고! 우리에게 시급히 필요한 것은 이 끔찍한 비극의 제5막이다. 제 살을 도려내는 아픔을 겪지 않으면 안 된다. 다시 회복된 프랑스, 다시 태어난 프랑스에서 만국의 민족을 제대로 맞을 수 있도록 우리의 명예를 되찾지 않으면 안 된다.

제5막, 이것은 지금 나의 강박관념을 이루고 있다. 나는 쉼 없이 이것을 모색하고, 이것을 상상하고, 다른 일을 하다가도 어느새 이 문제로 되돌아온다. 드레퓌스 사건, 세계를 뒤흔든 그 장대한 드라마가 실은 그것을 불후의 명작으로 만들고자 하는 어떤 숭고한 창조자에 의해 연출된 것이라는 사실을 그대는 아는가? 모든 사람을 경악케 한 이런저런 돌발 사건은 내가 보기에 이차적으로만 중요할 뿐이다. 정녕 새로운 막이 시작될 때마다 열정은 확산되었고, 공포는 배가되었다. 이 살아 숨쉬는 극작품의 진정한 창조자, 그것은 다름 아닌 운명이다. 운명은 자신이 몰고 온 폭풍 속에서 등장인물들을 움직이고, 사태 전반을 결정한다. 바야흐로 명작을 완성하고자 하는 운명은 만국을 지도하는 영광의 프랑스를 부활시킬 초인적 제5막을 준비하고 있다. 왜냐하면, 그렇지 않은가, 죄 없는 자를 두 번씩이나 처벌하는 최악의 범죄를 원한 것이 다름 아닌 운명이기 때문이다. 비극적 위대함을 위해서는, 지고한 아름다움을 위해서는, 아마도 피날레를 장식하게 될 속죄를 위해서는 최악의 범죄가 저질러져야만 했다. 그렇다면 지금, 우리 모두가 공포의 극한에 다다른 지금, 우리를 해방시키고, 우리에게 새로운 건강과 젊음을 주면서 긴 드라마를 끝낼 제5막을 기다려도 좋지 않을까.

나의 두려움, 오늘 나는 그것이 무엇인지 분명히 말해두겠다. 내가 여러 차례 강조한 것처럼, 나의 두려움은 진실, 즉 결정적인 증거, 명백한 증거가 독일에서 우리에게 날아들지도 모른다는 사실에 있다. 더 이상 이 치명적 위험에 대해 침묵을 지킬 시간이 없다. 너무도 많은 진실의 빛이 비치고 있다. 거대한 천둥소리와 함께 제5막을 열 주인공이 다름 아닌 독일이 될 가능성을 고려하지 않으면 안 된다.

나는 고백하겠다. 나의 재판이 열리기 전인 1898년 1월에 나는 에스테라지가 '반역자'라는 사실을, 그가 상당량의 문서를 슈바르츠코펜Maximilien von Schwartzkoppen 씨[35]에게 넘겼다는 사실을, 이 문서 중의 많은 것이 바로 그 자신이 쓴 것이라는 사실을, 이 문서 전체가 베를린, 즉 독일 국방부에 있다는 사실을 확실히 알게 되었다. 내가 애국자 노릇을 즐기는 사람은 아니지만, 나는 적어도 내게 주어진 증거가 나를 경악케 했다는 사실만큼은 고백해두어야겠다. 그때 이후 선량한 프랑스인으로서의 나의 고뇌는 끊임없이 계속되었고, 나는 어쩌면 내일의 적이 될지도 모를 독일이 수중의 증거를 내세워 우리를 모욕할지도 모른다는 두려움 속에서 살았다.

어쩌면 일이 이렇게 될 수 있단 말인가! 1894년 군사 법정이 죄 없는 자 드레퓌스를 처벌한다. 1898년 군사 법정이 범죄자 에스테라지에게 무죄 선고를 내린다. 그리고 적(敵)이 우리의 군사 법정이 저지른 이중의 오판의 증거를 확보하고 있다. 그리고 프랑스는 이 오판을 고집스레 감싸고, 무시무시한 위험을 태연히 감수하고 있다. 과연 이것이 상상이나 할 수 있는 일인가! 흔히 사람들은 독일이 첩보 활동으로 얻은 이 문서들을 이용할 수 없으리라고 말한다. 하지만 누가 알랴? 내일 전쟁이 발발하면, 독일은 아마도 문서를 공개함으로써, 몇몇 지휘관이 저지른 가증스러운 불의를 제시함으로써 전 유럽의 눈앞에서 우리 군대의 명예를 더럽히는 일부터 시작하지 않겠는가? 생각만 해도 참을 수 없는 일 아닌가? 프랑스는 자신의 불명예의 증거가 이방인의 수중에 있다는 걸 알면서도 한순간이나마 휴식을 즐길 수 있단 말인가? 짧게 말하노니 나, 나는 그 생각 때문에 잠을 이룰 수 없었다.

그리하여 라보리[36)]와 함께 나는 외국 대사관 무관들을 증인으로 소환하기로 결심했다. 그들이 법정에 출두하지 않으리라고 짐작하면서도 우리가 진실을 알고 있다는 것을 정부에게 인식시키고 싶었고, 또 나아가 정부가 필요한 행동에 착수하기를 바랐기 때문이다. 그런데 이미 사람들의 귀가 먹어 있었다. 사람들은 농담을 주고받으며 독일의 손에 무기를 쥐어주었다. 렌의 재판에 이르기까지 사태는 그 지경이었던 것이다. 프랑스로 돌아오자마자 나는 서둘러 라보리를 만났다. 나는 그에게 사태의 심각성을 알렸고, 독일로 넘어간 문서들을 되찾을 수 있도록 그가 개입할 것을 요구했고, 내각으로 하여금 필요한 조치를 취하게 해야 한다고 필사적으로 주장했다. 물론 그보다 더 미묘한 문제는 없었다. 더욱이 그 불행한 드레퓌스——우리는 그를 구하기 위해서라면 모든 것을 바칠 용의가 있었다——의 존재를 의식하지 않을 수 없었다. 자칫하면 그렇지 않아도 착란 상태에 있는 여론을 더욱 악화시킬 위험이 있었던 것이다. 어쨌거나 만일 군사 법정이 드레퓌스에게 무죄 선고를 내렸더라면, 그것은 문서 세균을 박멸하는 효과, 즉 독일이 사용할 수도 있을 무기를 파괴하는 효과를 자아냈으리라. 드레퓌스의 무죄 석방, 그것은 곧 오판의 수정을 의미하는 것이었다. 그것은 곧 명예의 회복을 의미하는 것이었다.

그렇지만 군사 법정이 죄 없는 사람, 언젠가 베를린 문서의 공개로 그 무죄가 입증될 사람을 다시 처벌함으로써 사태를 악화시키리라는 것을 예감했을 때, 나의 애국적 고통은 재개되었고, 이내 곧 견딜 수 없을 정도로 심화되었다. 그리하여 나는 다시 행동에 돌입했는데, 라보리에게 베를린 문서의 제출을 요구할 것을, 진실의 빛을 비출 유일한 인물인 슈바르츠코펜 씨를 증인으로 소환할 것을 간청했다. 전장에서 총알을 맞은 영웅 라보리[37]가 이방인의 소환을 요구함으로써 자신에게 주어진 기회를 십분 활용한 날, 그가 분연히 일어나 입만 열면 사건을 종결시켜줄 사람의 말을 들어보자고 요구한 날, 어떤 면에서 그는 자신의 의무를 다한 셈이다. 그의 목소리는 아무것도 침묵케 할 수 없는 영웅의 목소리, 그 요구가 숙명적으로 재판을 재개시키고, 끝내 유일한 해결책, 즉 죄 없는 자의 무죄 석방으로 재판을 종결지을 영웅의 목소리였다. 이제 베를린 문서의 제출 요구가 이루어졌고, 나는 그 문서가 제출되지 않으리라는 회의적인 전망을 일축하고 있다.

렌의 군사 법정 재판장이 문서 제출을 막기 위해 자의적으로 권력을 행사함으로써 우리를 어떤 참혹한 위험에 빠뜨렸는지 똑똑히 보라. 아무것도 이보다 더 비열할 수는 없다. 그것은 진리의 입구를 더없이 의도적으로 막은 폭거였다. "우리는 우리에게 명백한 증거가 제시되기를 원하지 않소, 왜냐하면 우리는 처벌하기를 원하기 때문이오." 바야흐로 세 번째 군사 법정이 앞선 두 군사 법정을 따라 눈먼 오판의 대열에 합류했다. 따라서 만일 독일이 반증을 제시한다면, 그것은 세 번의 불공정한 선고를 일거에 무효로 만들 것이다. 이야말로 진정 우리를 미치게 할 일이 아닌가? 이야말로 진정 반항과 불안의 비명을 지르게 할 일이 아닌가?

관료들이 배반한 내각, 제정신이 아닌 아이들이 성냥과 칼을 갖고 장난을 하도록 방치해둔 내각, 통치하는 것은 곧 예견하는 것이라는 사실을 망각한 내각이지만, 지금이라도 늦지 않았다. 만일 제5막, 즉 전 프랑스를 전율케 할 결말을 독일의 손에 맡기기를 원치 않는다면, 지금 당장 행동에 돌입

해야 한다. 제5막이 외국에서 시작되는 사태를 막기 위해 가장 신속하게 제5막을 연출할 책임이 있는 주체, 그 주체는 바로 정부이다. 정부는 베를린 문서를 입수할 수 있다. 외교는 그보다 더 어려운 문제들도 해결하지 않았던가. 만일 정부가 명세서에 열거된 문서들을 요구한다면, 독일은 그 문서들을 되돌려 줄 것이다. 그리고 거기서 새로운 사실이 밝혀질 것인 바, 그 새로운 사실은 프랑스 최고 법원인 파기원에서의 두 번째 재심, 지고한 정의의 지체 없는 구현이 기대되는 두 번째 재심을 초래할 것이다.

그러나 만일 정부가 또다시 후퇴한다면, 이번에는 진실과 정의의 수호자들이 필요한 조처를 취할 것이다. 우리들 중 그 누구도 자신의 자리를 떠나지 않을 것이다. 증거, 움직일 수 없는 증거, 우리는 기어코 그것을 확보할 것이다.

11월 23일 우리는 베르사유로 갈 것이다. 거기서 나의 재판이 재개될 텐데, 왜냐하면 그들이 재판의 재개를 원하기 때문이다. 만일 그때까지 정의가 구현되지 않는다면, 다시 한 번 우리가 일어나서 그 정의를 구현할 것이다. 그 명예가 높아져만 가는 친애하는 라보리, 용맹스런 라보리가 렌에서 할 수 없었던 변론을 베르사유에서 할 것이다. 말할 필요조차 없지만, 우리는 승리할 것이다. 나, 나는 그로 하여금 그 무엇에 대해서도 침묵케 하지 않을 것이다. 그는 나의 안전에 신경 쓰지 말고 오직 진실만을 말하면 될 것인 바, 왜냐하면 나는 진실의 대가로서 나의 자유와 나의 피를 바칠 각오가 되어 있기 때문이다.

센la Seine 중죄재판소에서 나는 드레퓌스의 무죄를 선언했다. 오늘 나는 전 세계의 시민들과 함께 다시 한번 드레퓌스의 무죄를 선언한다. 반복하건대 진실이 전진하고 있고, 그 발걸음을 멈추게 할 수 있는 것은 아무것도 없다. 방금 막 렌에서 진실은 거대한 발걸음으로 일보 전진했다. 이제 나의 두려움은 이것뿐이다. 언젠가 외국에서 날아온 진실이 복수의 여신 네메시스의 천둥 번개처럼 조국을 무참히 짓밟을지도 모른다, 만일 우리가 눈부신 프랑스의 태양 아래에서 서둘러 진실을 밝히지 않는다면 말이다.

알프레드 드레퓌스 부인에게 보내는 편지

이 글은 1899년 9월 29일 〈로로르〉에 발표되었다.

9월 19일 루베 대통령이 알프레드 드레퓌스의 사면에 서명하고 두 번씩이나 유죄 선고를 받은 그 죄 없는 사람이 가족들의 품으로 돌아갔을 때, 나는 이 글을 썼다. 사면이 발표되기 이전, 사실 나는 내 재판이 베르사유 중죄재판소에서 재개되지 않는 한 침묵을 지키려고 결심했었다. 다시 말해 나는 오직 법정에서만 발언을 하려고 생각했었던 것이다. 그런데 이처럼 내가 더 이상 침묵할 수 없는 상황이 발생했다.

부인,

우리는 죄 없는 자, 순교자를 당신에게 돌려보냅니다. 우리는 아내에게 남편을, 아들과 딸에게 아버지를 돌려보냅니다. 맨 처음 제 머리에 떠오른 것은 마침내 재회한 한 가족의 아늑하고 행복한 얼굴들입니다. 시민으로서의 저의 슬픔, 고통스러운 분노, 솟구치는 반항심이 무엇이든 간에,[38] 저는 당신이 따스한 눈물에 젖는 이 달콤한 순간, 당신이 무덤에서 살아 돌아온 남편을 품에 안는 이 달콤한 순간을 당신과 더불어 음미합니다. 아무튼 오늘은 위대한 승리와 축제의 날임에 틀림없습니다.

저는 눈을 감고 그가 돌아온 첫날 저녁을 상상해봅니다. 집의 문이 닫히고, 거리의 온갖 혼탁한 소음이 문턱에서 사라졌을 때, 그때 램프 불빛 아래에서 가족들끼리 오붓하게 회포를 풀겠지요. 두 아이가 그토록 긴 여로, 그토록 험난한 여로에서 돌아온 아버지를 반가이 맞겠지요. 그들은 아버지에게 입 맞추겠지요, 그리고 아버지가 해줄 긴 여행 이야기를 기다리겠지요. 이 얼마나 안락한 평화의 광경인지요, 이 얼마나 정겨운 희망의 광경인지요. 오래도록 영웅적 의지를 보여준 어머니는 다시 마지막 영웅적 의무, 즉 이제 막 되돌려 받은 불행한 남편, 십자가에 못 박혔던 남편을 애정과 배려로써 보살피는 의무를 다하기 위해 조용히 서두르겠지요. 온 집안에 따스함이 감돌고, 도처에서 답지한 끝없는 선의가 가족들의 미소로 가득한 방을 흠뻑 적시겠지요. 그리고 바로 거기, 그 어둠 속에 우리, 수개월 전부터 이 행복한 순간을 위해 투쟁해온 우리가 마침내 온갖 고통을 보상받은 채 말 없이 서 있을 것입니다.

고백하자면, 애초에 저는 이 일을 단순히 인간 유대와 연민과 사랑의 마음으로 시작했습니다. 한 죄 없는 자가 가장 잔혹한 형벌로 괴로워하고 있다, 제 눈에는 오직 이것만이 보였습니다. 그리하여 저는 고통에서 그를 구해내기 위해 이 일에 뛰어들었습니다. 그의 무죄를 확신하자마자 제 마음속에는 오직 한 가지 생각, 그 불행한 사람이 겪은 모든 고통, 혼자서는 도저히 그 수수께끼를 풀 수 없는 잔인한 운명의 희생양이 되어 캄캄한 감옥에서 그가 겪은 고통에 대한 생각밖에 없었습니다. 새벽이 올 때마다 그의 머리 속에는 얼마나 큰 혼란이 일었을 것이며, 그의 가슴속에는 얼마나 간절한 기다림이 솟구쳤을까요! 그러자 저는 더 이상 아무 일도 없었던 듯 일상생활을 계속할 수가 없었습니다. 저의 연민에서 저의 용기가 나왔고, 저는 오직 그 수형자를 고통에서 해방시키는 것, 그를 짓누르는 무거운 돌을 들어 올려 마침내 눈부신 햇빛 아래 상처를 보살펴줄 가족에게로 돌려보내는 것만을 목표로 했습니다.

정치가들이 어깨를 으쓱하며 말하듯 맨 처음 이 사건은 제게 감상적 사건이었습니다. 그렇고말고요! 정말이지 저는 가슴으로만 이 사건을 이해했습니다. 저는 비탄에 빠진 한 인간을 구하고 싶었습니다. 그가 유태인이든 가톨릭교도이든 이슬람교도이든 상관없었습니다. 저는 그때 이 사건을 단순한 사법적 오판 사건이라고 생각했습니다. 저는 어두운 감옥에서 고통받고 있는 남자, 실은 그 고통마저 감시당하고 있는 남자를 꼼짝 못하게 묶고 있는 거대한 범죄에 대해서는 정말 아무것도 몰랐습니다. 그러므로 아직은 미지의 인물들이었던 그 범죄자들에 대한 분노가 제게 존재할 리 만무했지요. 연민 때문에 일상적 작업을 잠시 미루고 이 운동에 뛰어든 단순한 작가로서 저는 그 어떤 정치적 목적도 추구하지 않았고, 그 어떤 정파를 위해서도 일하지 않았습니다. 이 운동의 초기부터 제게 정파가 있었다면, 그것은 오직 하나, 즉 온몸으로 섬겨야 할 인류뿐이었습니다.

그런데 뒤이어 제가 알게 된 것, 그것은 우리의 과업의 지난한 어려움이었습니다. 싸움이 벌어지고 확산됨에 따라, 저는 그 죄 없는 자의 석방이 초인적 노력을 필요로 하리라는 사실을 예감했습니다. 온갖 사회 권력들이 우리에게 맞서 서로 연합했던 반면, 우리가 가진 것은 오직 진실의 힘뿐이었습니다. 매몰자를 구출하기 위해서는 기적이라도 일어나야 할 판이었습니다. 이 참혹한 두 해 동안 그를 그의 가족에게 돌려주지 못할 것 같아 남몰래 좌절했던 것이 도대체 몇 번이었던가요! 그는 여전히 거기, 그의 무덤 속에 있었고, 우리는 백 명, 천 명, 이천 명씩 달려들어 봤지만 소용없었습니다. 그를 짓누르고 있는 불의의 바위는 너무도 무거워 저는 최후의 결전을 맞기도 전에 우리의 힘이 다하지 않을까 두려웠습니다. 그런 일이 일어나서는 안 되지요, 안 되고말고요! 물론 그런 일이 일어났다 하더라도 먼 후일 언젠가 진실이 밝혀지고, 정의가 구현되었겠지요. 하지만 그 사람, 그 불행한 사람은 이미 죽었을 테지요. 그리고 그의 아내와 자식들은 영원히 그에게 환영의 입맞춤을 할 수 없었을 테지요.

부인, 오늘 우리는 마침내 기적을 만들었습니다. 이 년에 걸친 필사의 투쟁은 불가능을 가능으로 바꾸었습니다. 수형자가 십자가에서 내려오고, 죄 없는 자가 자유의 몸이 되고, 당신의 남편이 당신에게 돌아온 걸 보세요. 꿈은 이루어졌습니다. 그는 더 이상 고통받지 않겠지요, 따라서 우리의 가슴을 짓누르는 괴로움도 이제 끝나겠지요, 그리고 안타까운 환영이 우리의 잠을 설치게 하는 일도 끝나겠지요. 다시 한번 말하건대 오늘은 위대한 축제의 날이요, 위대한 승리의 날입니다. 말이 없어도 우리의 가슴은 당신의 가슴과 맞닿아 있습니다. 이 땅의 모든 아내, 이 땅의 모든 어머니가 전 세계인이 보내는 따스한 감동의 시선 속에서 오순도순 첫날 밤을 보낼 당신 가족을 상상하며 실로 벅찬 감격을 맛보았으리라 여겨집니다.

그런데 부인, 이 사면[39]은 정녕 가슴 아픈 사면입니다. 과연 그토록 가혹했던 육체적 고통 뒤에 이토록 가혹한 정신적 고통을 줄 수 있는 걸까요? 정의에 의해 의당 누려야 할 것을 자비에 의해 하사받았으니 이 얼마나 분통 터지는 일인지요!

가장 나쁜 사실은 이런 최후의 불의를 이끌어내기 위해 모든 것이 조율된 듯하다는 것입니다. 재판관들이 그것을 원했지요, 그들이 범죄자들을 구하기 위해 죄 없는 자를 다시 공격한 것이지요. 물론 자비라는 탈을 쓴 잔학한 위선 속에 몸을 숨길 작정을 하고서 말입니다. "그대는 명예를 원하지만, 우리는 그대에게 자유만을 적선하려 하오. 그대의 법적 불명예만이 그대의 집행인들의 범죄를 가려줄 수 있을 테니까 말이오." 지금까지 그들이 저지른 기나긴 죄악의 목록 가운데 이보다 더 가증스러운 반인간적 테러는 없었습니다. 살인자들이 계급장을 주렁주렁 단 채 백주에 대로를 활보할 수 있도록 하기 위해 신성한 자비를 전략적으로 이용하다니요, 신성한 자비를 거짓의 도구로 만들다니요, 신성한 자비로 죄 없는 자를 모욕하다니요, 이럴 수는 없는 일입니다!

더욱이 대국의 정부가 치명적 약점 때문에 칼날처럼 명징하게 정의를 구현해야 할 순간 자비로써 모든 것을 무마하다니, 이 얼마나 슬픈 일인지요! 일단의 과격 보수주의자들의 방자한 태도 앞에 몸을 벌벌 떠는 것, 불의로써 평화를 실현할 수 있으리라고 믿는 것, 거짓과 독에 물든 우정 어린 포옹을 꿈꾸는 것, 그것이야말로 악의적·맹목적 무분별의 극치가 아닐 수 없습니다. 사실 정부는 추악한 렌의 판결이 공시된 이튿날 사건을 파기원, 다시 말해 정부 스스로 몹시 무례한 방식으로 조롱한 국가 최고 법원으로 넘겨야 하지 않았을까요? 사실 국가의 안녕은 전 세계가 지켜보는 가운데 우리의 명예를 회복시켜줄 그 열정적 행동, 우리나라를 법치국가로 다시 세워줄 그 열정적 행동에 달려 있지 않았을까요? 결정적 평화는 오직 정의 속에만 존재합니다. 일체의 비겁한 행동은 오직 새로운 열병의 원인이 될 뿐입니다. 지금까지 우리에게 부족했던 것, 그것은 자신의 의무를 전심전력으로 수행함으로써 거짓에 물들어 방황하는 나라를 바른 길로 인도하려는 용감한 정부입니다.

그러나 우리의 타락은 그 정도가 너무도 심해 우리는 바야흐로 가련하고 비굴한 정부를 축성하려 하고 있습니다. 이제 와서 정부가 선의의 미소를 짓다니요, 이 얼마나 위선적인 일입니까! 실로 광기 어린 용기요, 기괴한 용맹이 아닐 수 없습니다. 이러니 우리들 중 누군가는 다시 선조의 반항적 전통을 이어받은 정의의 야수가 될 수밖에 없겠지요. 힘센 사람이 될 수 없기에 착한 사람이 되는 것은 때로 참을 수 없는 위선입니다. 그리고 부인, 나라의 명예 회복을 위해서도 마땅히 즉각 이루어졌어야 할 복권, 그 복권을 당신의 남편은 당당히 고개를 들고 기다릴 수 있습니다.[40] 왜냐하면 지구의 모든 민족의 눈앞에 당신의 남편만큼 죄 없는 죄수는 없었으니까요.

당신의 남편, 아! 부인, 당신의 남편을 향한 우리의 찬미, 우리의 존경, 우리의 경배가 어느 정도인지를 알아주시기 바랍니다. 그가 하등의 이유 없이 인간의 아둔함과 악독함의 속죄양이 되어 너무도 큰 고통을 당했기에, 이제 우리가 그의 상처 하나하나를 애정으로 보살피려 합니다. 우리는 완전한 보상이란 불가능하다는 것을, 사회란 결코 그토록 가혹한 고통을 당한 순교자에게 상응한 대가를 치르지 않는다는 것을 잘 알고 있습니다. 그러므로 우리는 우리의 마음속에 그를 위한 제단을 세우고자 합니다. 왜냐하면 그에게 이 우정 어린 감동의 경배보다 더 순수하고, 더 값진 것은 아무것도 없을 테니까요. 한마디로 그는 영웅, 더 아픈 고통을 당한 만큼 더 위대한 영웅이 되었습니다. 부당한 고통은 그를 신성화했고, 그는 정화된 지고의 몸으로 제신(諸神), 그 이미지가 뭇 사람의 마음을 움직여 영원한 선의의 꽃을 피우게 하는 제신이 사는 미래의 사원으로 들어갔습니다. 부인, 그가 당신에게 보낸 불후의 편지들은 죄 없이 고통받는 한 인간의 영혼에서 우러나온 가장 아름다운 절규로서 길이 기억될 것입니다. 그렇습니다, 지금까지 그보다 더 비극적인 운명의 벼락을 맞은 사람은 아무도 없습니다. 그렇습니다, 바로 그런 까닭에 그는 오늘 만인의 존경과 사랑을 한 몸에 받는 지고한 존재가 된 것입니다.

한편 가해자들은 마치 그를 더욱 위대한 존재로 만들기를 원하는 양 그에게 렌의 재판이라는 최악의 고문을 가했습니다. 십자가에서 잠시 풀려난 그 순교자, 기진맥진한 그 순교자, 오직 정신력으로 버티고 서 있는 그 순교자 앞을 줄지어 지나가며 그들은 침을 뱉고, 칼로 찌르고, 상처에 담즙과 초산을 부었습니다. 그럼에도 불구하고 그 금욕주의적 순교자는 한마디 불평도 없이 경이로운 태도를 취했는데, 그가 보여준 고고한 용기와 진실에 대한 조용한 확신은 후대의 모범으로 길이 빛날 것입니다. 그 광경은 너무도 아름답고 너무도 감동적이어서 한 달간의 괴이한 논쟁──이를 들은 사람은 모두 소리 높여 피고의 무죄를 외친 바 있습니다──이후 내려진 렌의 불의의 판결은 여러 민족의 분노를 샀습니다. 운명은 완성되었고, 그 죄 없는 사람은 신이 되었으며, 세계는 잊을 수 없는 선례를 갖게 되었습니다.

  부인, 우리는 오늘 정상에 섰습니다. 이보다 더 드높은 영광, 이보다 더 숭고한 감동은 없을 것입니다. 법적 복권, 법적 무죄의 선고, 사실 우리는 그게 무슨 소용 있느냐고 외치고 싶은 심정입니다. 왜냐하면 오늘 이후 모름지기 정직한 사람이라면 모두 그의 무죄를 확신할 것이기 때문입니다. 그렇습니다, 죄 없는 사람, 그가 마침내 지구의 이 끝에서 저 끝까지 인간 연대의 상징이 되었습니다. 그리스도의 종교는 공식적으로 인정받고 몇몇 나라를 정복하는 데 사 세기가 걸렸지만, 그 죄 없는 사람의 종교는 대번에 지구를 한 바퀴 돌며 거대한 인류애로 모든 문명국을 한데 묶었습니다. 저는 이 같은 세계적 연대 운동이 유사 이래 또 있었는지 찾아보았으나 허사였습니다. 두 번 처벌받은 그 죄 없는 사람은 여러 민족의 우정을 위해, 연대와 정의의 사상을 위해 백 년간의 철학 토론이나 인류애 이론보다 더 많은 일을 했습니다. 사상 처음으로 전 인류가 마치 시인들이 꿈꾸던 우애로운 유일 민족인 양 한 목소리로 자유를 외쳤고, 한 마음으로 용감하고 정의로운 반항에 뛰어들었습니다.

고통에 의해 선택받은 사람, 그로 인해 세계의 통일이 이루어졌던 사람, 고고한 명예와 무한한 존경이 그와 함께하기를!

부인, 이제 그는 당신의 경건한 손이 덮혀놓은 안락한 집에서 조용하고 편안하게 잠들 수 있습니다. 그의 영광의 찬미에 관한 한 우리에게 맡겨주십시오. 영광을 찬미하는 것은 우리, 즉 시인들의 몫입니다. 우리는 우리 시대의 그 누구도 그처럼 감동적인 기억을 남기지 못할 정도로 그를 극진히 찬미하겠습니다. 이미 수많은 책이 그에 대한 경의로써 씌어졌고, 그의 무죄를 입증하고 그의 순교를 칭송하기 위한 서가(書架)는 날로 커져만 가고 있습니다. 책이든 팸플릿이든 가해자 진영은 거의 글을 쓰지 않고 있는 반면, 진실과 정의를 사랑하는 사람들은 쉼 없이 역사에 이바지했고 또 이바지할 것이며, 언젠가 사실관계를 결정적으로 밝혀줄 거대한 조사를 위해 헤아릴 수 없이 많은 글들을 발표했고 또 발표할 것입니다. 이를테면 우리는 내일의 평결을 준비하고 있습니다. 그 평결이야말로 최후의 무죄 선고, 결정적 보상이 될 것인바, 우리의 뒤를 이을 세대들은 영광의 수형자를 기리며 그들의 부모가 저지른 범죄에 대해 무릎 꿇고 용서를 빌 것입니다.

부인, 범죄자들을 영원한 공시대에 못 박을 임무 또한 우리의 몫입니다. 우리의 뒤를 이을 세대들은 우리가 처단한 자들을 경멸하고 야유할 것입니다. 우리가 비열한 범죄자로 낙인찍은 자들의 이름은 누대에 걸쳐 더러운 쓰레기로 취급받을 것입니다. 내재적 정의[41]는 즉각적 징벌을 유보하는 대신 시인들로 하여금 세속의 재판을 모면한 그 사회적 악인들, 그 파렴치한 범죄자들에게 영원한 저주를 내리게 했습니다. 그 저급한 영혼들, 하루하루 탐닉하는 그 방탕아들에게 먼 훗날 징벌이 내릴 것임을 저는 잘 알고 있습니다. 물론 그들은 먼 훗날의 징벌쯤이야 전혀 개의치 않고 당장의 오만을 즐기고 있지만 말입니다. 군홧발로 승리하는 것, 그것은 게걸스러운 굶주림을 채우는 야만적 성공일 뿐입니다. 도대체 부끄러움을 모르는 자들이니 틀림없이 이렇게 말하겠지요. 먼 훗날의 모욕이 무슨 상관이랴! 바로 이 영혼의 저급함이 지금까지 우리가 본 온갖 욕된 광경이 왜 발생했는가를 설명하고 있습니다. 파렴치한 거짓말들, 명백한 사실로 드러난 속임수들, 인간으로서 할 수 없을 후안무치한 비행들, 한나절도 못 가 탄로 날 이 모든 행위는 오직 범죄자들의 파멸을 재촉할 뿐입니다. 그들은 정말 후손도 없는 걸까요? 그들은 정말 먼 훗날 그들의 자식들, 그들의 손자들이 느낄 모욕이 두렵지도 않은 걸까요?

 아! 불쌍한 광인들 같으니라고! 그들은 우리가 그들의 이름을 새겨놓을 죄인 공시대, 그 죄인 공시대를 세운 자가 바로 그들 자신임을 상상조차 하지 않는 것처럼 보입니다. 저는 그들이 군대의 특수 환경과 군인 특유의 직업 정신에 의해 뒤틀린 둔감한 지능의 소유자들이라고 믿고 싶습니다. 군대의 명예를 구한다는 명목으로 죄 없는 사람을 다시 단죄한 렌의 판결, 세상에 이보다 더 어리석은 일이 또 어디 있을까요? 군대라고요, 아! 그들은 참 잘도 군대를 구원했습니다. 편파적이고 불공정한 그 판결로 목하 군대는 더 큰 위험에 빠져 있지요. 그들은 언제나 한치 앞도 내다보지 못하고 당장의 천박한 목표만 추구합니다. 군사 법정의 진정한 자살을 감수하고서라도, 야합이라는 의혹의 시선을 감수하고서라도 몇몇 상관을 구할 필요가 있었겠지요. 말하자면 그들이 저지른 주요 범죄 중 빼놓을 수 없는 것 하나는 스스로 더 심각한 국가적 무질서와 국민적 분노를 불러일으킴으로써 결과적으로 군대의 명예를 실추시켰다는 것입니다. 정부가 죄 없는 자를 사면한다는 것 자체가 벌써 오류를 수정할 다급한 필요성, 즉 최소한의 안정이라도 얻기 위해 군법을 부인할 필요성을 느꼈다는 것이니까요.

 그렇지만, 부인, 어쨌거나 모든 것을 잊고, 모든 것을 무시해야 합니다. 욕설과 모욕을 무시하는 것이야말로 삶의 큰 지혜입니다. 그것은 무엇보다 저 자신이 절감한 일입니다. 제가 글을 쓴 것이 벌써 사십 년이 됩니다. 다시 말해 책이 나올 때마다 제게 퍼부어진 욕설을 무시함으로써 제가 작가로서 버텨온 것이 벌써 사십 년이 됩니다. 진실과 정의를 위해 싸운 이 년 동안 저를 덮친 거대한 모욕의 파도에 너무나도 익숙해졌기에 저는 이제 그 어떤 상처에도 끄떡하지 않을 정도로 강해졌습니다. 제게는 제 인생에서 지워버린 추악한 인간들의 이름이 있습니다. 적어도 제게 그들은 이 세상에 존재하지 않습니다. 저는 글을 읽다가 그들의 이름이 눈에 띌 때 그 다음 대목으로 건너뜁니다. 간단히 말해 그것은 위생 문제입니다. 저는 그들이 활동을 계속하고 있는지 아닌지 모릅니다. 어쨌거나 위생 시설이 그들을 완전히 처리해줄 때까지는 적어도 저의 경멸이 그들을 제 뇌리에서 제거해줄 겁니다.

　제가 그 죄 없는 사람에게 충고하는 것은 바로 이 숱한 모욕에 대한 경멸적 망각입니다. 하긴 지금 그는 너무도 높은 곳에 올라가 있어 그 따위 모욕이 가닿지도 않겠지만 말입니다. 기원하건대 그가 군중의 소동을 멀리한 채 오직 그를 향한 세계의 지지의 함성만을 들으며 맑은 햇살 아래 당신의 품속에서 부활하기를! 이제는 휴식을 열망하는 순교자에게 평화가 있기를! 그를 아끼고 보살필 당신의 안식처에 세상 만물의 사랑이 가득하기를!

그렇지만 부인, 우리, 우리는 투쟁을 계속하겠습니다. 내일 우리는 어제보다 더 뜨겁게 정의를 위해 싸우겠습니다. 우리에게는 그 죄 없는 사람의 복권이 필요합니다. 솔직히 말하자면 이미 눈부신 영광에 휩싸인 그의 복권 이상으로 불의의 과잉 때문에 사망한 프랑스의 복권이 필요합니다.

세계만방에 프랑스의 복권을 선언하는 날, 프랑스가 치욕의 판결을 파기하는 날, 우리는 그날을 위해 쉼 없이 싸우겠습니다. 모름지기 위대한 나라는 정의 없이 살 수 없습니다. 지고한 사법에 대한 모욕, 시민의 인권에 대한 부정이라는 오점을 지우지 않는 한 우리나라는 도탄에서 벗어나지 못할 겁니다. 법의 지배가 소멸되면 당연히 사회적 기강도 해이해지고, 모든 것이 무너집니다. 그런데 시민의 인권에 대한 부정이 보란 듯 너무도 오만하고 너무도 뻔뻔스럽게 저질러졌기에, 우리는 이웃의 눈이 두려워 재앙에 대해 함구하고 남몰래 시체를 매장하려 해도 그렇게 할 수조차 없었습니다. 전 세계가 보았고, 전 세계가 들었습니다. 그러니 오류가 저질러졌을 때처럼 보상도 전 세계의 눈앞에서 이루어지지 않으면 안 됩니다.

명예 없는 프랑스, 격리되고 경멸받는 프랑스, 이것이야말로 범죄자들의 꿈입니다. 얼마 후 외국인들이 우리의 만국박람회를 보러 오겠지요. 저는 내년 여름 그들이 마치 휘황한 불빛과 요란한 음악이 있는 시골 장터의 축제 마당에 가듯 파리로 몰려올 것을 믿어 의심치 않습니다. 하지만 그것이 우리의 긍지를 드높이는 일일까요? 정말이지 우리는 세계 도처에서 밀려드는 방문객들의 돈 못지않게 그들의 존경을 얻어야 하는 것 아닐까요? 우리는 우리의 산업, 우리의 과학, 우리의 예술을 축성하고 있습니다. 한마디로 우리는 우리가 이룬 한 세기의 업적을 전시하고 있습니다. 그런데 우리는 과연 우리의 정의를 전시할 수 있을까요? 저는 여전히 어느 외국인이 그린 우리의 희화, 즉 샹드마르스 연병장에 놓인 악마도의 희화를 기억하고 있습니다.[42] 저로서는 타오르는 수치심을 떨칠 수가 없습니다. 프랑스가 정의 국가의 반열에서 탈락한 채 어떻게 만국박람회를 개최할 수 있을지 실로 의문스럽습니다. 제발 그 죄 없는 사람이 복권되기를 기원합니다. 그리하여 그와 더불어 프랑스가 복권되기를 간절히 기원합니다.

부인, 마지막으로 말씀드리고 싶은 것은 당신 남편에게 자유를 돌려주게 했고 또 앞으로 명예를 돌려주게 할 건강한 시민들을 신뢰해도 좋다는 사실입니다. 단 한 사람도 전장을 떠나지 않을 것입니다. 그들은 정의를 위해 싸우는 것이 곧 조국을 위해 싸우는 것임을 잘 알고 있습니다. 그 죄 없는 사람의 훌륭한 형[43]이 그들에게 용기와 지혜의 모범이 될 것입니다. 다만 우리가 단숨에 당신의 사랑하는 남편을 모든 혐의에서 풀려난 자유의 몸으로 만들지 못했으니, 조금만 더 기다려주실 것을 부탁드립니다. 우리는 당신의 아이들이 우리가 그들의 이름에 묻은 법적 오점을 지우기 전에 너무 많이 자라지 않기를 바랍니다.

이 사랑스런 아이들, 오늘 저는 그들을 생각하지 않을 수 없습니다. 지금 제 눈에는 아버지의 품에 안겨 있는 그들의 모습이 보입니다. 저는 당신이 얼마나 소중한 배려로써, 얼마나 경이로운 조심성으로써 그 아이들에게 아버지의 일을 비밀에 붙였는지 잘 알고 있습니다. 처음에 그들은 아버지가 여행을 하고 있는 것으로 믿었지요. 그렇지만 얼마 후 그들은 무엇인가 다른 일이 있다는 것을 알게 되었지요. 그들은 이것저것 집요하게 질문을 했고, 그토록 오랜 아버지의 부재에 대해 설명을 요구했지요. 아, 그런데 순교자가 저 어두운 무덤 속에 있고, 그의 무죄를 확신하는 사람이 불과 두세 명이었던 그때 도대체 어머니가 아이들에게 무엇을 말해줄 수 있었을까요? 당신의 가슴은 천 갈래 만 갈래 찢어졌을 겁니다. 사실 그의 무죄가 백일하에 드러난 지난 몇 주 동안 저는 내심 당신이 아이들을 렌의 감옥으로 데리고 가기를 바랐습니다. 그래야만 아이들이 다시 만난 아버지의 영웅적인 모습을 영원히 가슴에 담을 수 있을 테니까요. 아마도 당신은 아이들에게 아버지가 얼마나 부당하게 고통을 당했는가, 아버지가 얼마나 도덕적으로 위대한 분인가, 아버지로 하여금 뭇사람들의 불의를 잊게 하기 위해 얼마나 큰 애정으로 그를 사랑해야 하는가를 말했겠지요. 그리고 아이들의 작은 영혼은 아버지의 고통과 영광을 생각하며 눈물에 젖었겠지요.

이제 때가 왔습니다. 어느 날 따스한 램프 불빛 아래, 안락한 가정의 평화로운 분위기 속에서 아버지는 아이들을 껴안아 무릎 위에 앉히고 그가 겪은 모든 비극을 이야기하겠지요. 아버지를 존경하고 찬미할 수 있도록 아이들이 모든 사실을 알아야 합니다. 그는 그럴 만한 자격이 충분하니까요. 아버지가 말을 마쳤을 때, 아이들은 그보다 더 추앙받는 영웅, 그보다 더 뭇 사람의 가슴을 저미는 고통을 당한 순교자는 이 세상에 없다는 것을 알게 될 겁니다. 그리고 아이들은 아버지에 대해 한없는 자부심을 느끼고, 아버지의 이름을 지닌 것을 영광으로 여길 테지요. 이제 아이들에게 아버지의 이름은 마치 인간의 추악함과 비겁함이 빚어낸 가장 끔찍한 운명의 폭풍을 헤쳐 순결하고 숭고한 영혼으로 부활한 용감한 영웅의 이름처럼 들릴 겁니다. 언젠가 세계인의 증오 속에 치욕을 느낄 사람은 그 죄 없는 자의 아들도 딸도 아닙니다. 그것은 바로 가해자들의 아이들입니다.

깊은 경의와 더불어 인사드립니다, 부인, 안녕히 계십시오.

공화국 대통령
에밀 루베 씨에게
보내는 편지

이 글은 1900년 12월 22일 〈로로르〉에 발표되었다.

〈상원에 보내는 편지〉 이후 7개월 만에, 침묵을 깨고 이 글을 썼다. 만국박람회가 11월 12일 폐막되었고, 이제 진실과 정의의 교살로 모든 논란이 끝날 참이었다. 일이 그렇게 돌아가고 있었다. 내 재판은 더 이상 재개될 수 없었는데, 왜냐하면 그들이 궐석 재판으로 이루어진 유죄 선고에 대해 상소할 절대적 권리마저 나에게서 박탈했기 때문이다. 별안간 그들은 내가 진실을 밝히고 정의를 구현할 기회를 원천 봉쇄했던 것이다. 또한 세 명의 필적 감정사 벨롬 씨, 바리나르 씨, 쿠아르 씨를 보라. 그들은 각자 만 프랑씩 삼만 프랑을 호주머니에 넣고 줄행랑을 치고 있다. 아마도 민사 법정에서 모든 것을 다시 시작해야 하리라. 지금 나는 불평하고 있는 것이 아니다. 나는 다만 확인하고 있을 뿐인데, 왜냐하면 어쨌든 나는 할 일을 모두 다 했기 때문이다. 그리고 참고로 덧붙이자면, 1901년 2월 현재 레지옹 도뇌르 훈장 수훈자로서의 나의 자격은 효력 정지되어 있다.

대통령 각하,

몇 주 후면 1898년 1월 13일 제가 당신의 전임자 펠릭스 포르 씨에게 한 통의 편지를 보낸 지 삼 년이 됩니다. 그는 제가 보낸 편지를 심각하게 받아들이지 않았는데, 그것은 그의 명성을 위해서 매우 불행한 일이었습니다. 그가 서거한 지금, 그에 대한 기억은 말도 안 되는 그 불의 때문에 몹시 어둡습니다. 저는 그 불의를 그에게 고발했지만, 그는 오히려 국가가 그에게 부여한 권력을 범죄자들을 비호하는 데 사용함으로써 공범자가 되고 말았습니다.

오늘 그의 자리에 당신이 앉아 있습니다. 그리고 여러 비겁한 공범자 정부를 줄줄이 더럽힌 그 가증스러운 '사건'이 지금 이 시간 바야흐로 정의에 대한 최악의 부정 속에서, 말하자면 방금 막 칼날 아래 의회가 의결한 사면, 역사에 의해 추악한 사면으로 기록될 그 사면 속에서 완결되려 하고 있습니다.[44] 결국 다른 정부의 뒤를 이어 당신의 정부 역시 똑같은 오류를 저지르며 더없이 무거운 책임을 스스로 지고 있습니다. 분명히 알아두시기 바랍니다. 그들이 지금 더럽히고 있는 것은 바로 당신 인생의 한 페이지입니다. 그리고 이전 정부처럼 지울 수 없는 오점으로 더럽혀질 처지에 놓여 있는 것이 바로 당신의 정부입니다.

대통령 각하, 각하에게 제 모든 고뇌를 털어놓는 것을 이해하시기 바랍니다. 제 첫 번째 편지가 이 사면을 야기한 원인

중의 하나였던 만큼, 사면의 이튿날 저는 이 마지막 편지로 모든 것을 결말지으려 합니다. 그렇다고 해서 누군가 저를 수다스럽다고 비난한다면, 그것은 정말 잘못된 일입니다. 1898년 7월 18일 저는 영국으로 떠났고, 1899년 6월 5일이 되어서야 거기서 돌아왔습니다. 이를테면 열한 달 동안 저는 침묵했습니다. 제가 다시 입을 연 것은 1899년 9월에 진행된 렌의 재판 직후입니다. 그런 다음 저는 다시 완전한 침묵 속으로 들어갔습니다. 지난 5월 단 한 번 침묵을 깨뜨렸는데, 그것은 사면 문제와 관련하여 상원에 항의하기 위해서였습니다. 이처럼 조국으로 돌아온 후 열여덟 달이 넘게 저는 정의의 도래를 학수고대했습니다. 그간 저는 재판 때문에 석 달마다 어김없이 법정에 소환되었고, 석 달마다 어김없이 다음 개정기로 넘겨졌지요. 물론 저는 그것을 서글픈 동시에 웃기는 일이라고 생각했습니다. 그런데 오늘 정의 대신에 제게 도래한 것은 바로 이 추악하고 모욕적인 사면입니다. 그러니 선량한 시민으로서, 그토록 느린 정의의 도래를 참을성 있게 기다리며 남을 난처하게 하거나 혼란스럽게 하지 않기 위해 침묵으로 일관한 사람으로서 저는 오늘 제게 말할 권리와 의무가 있다고 생각합니다.

거듭 말씀드리지만, 저는 오늘 결론을 지으려 합니다. '사건'의 일 단계가 지금 이 순간 종결되고 있거니와, 저는 이것을 범죄라고 부르겠습니다. 그리고 저는 다시 침묵 속으로 돌아가기 전에 우리가 서 있는 지점이 어디쯤인가, 우리의 과업이 무엇이었는가, 내일을 위한 우리의 확신이 무엇인가를 분명히 말씀드리고자 합니다.

굳이 '사건' 초기에 저질러진 숱한 만행들까지 들춰낼 필요는 없겠지요. 왜냐하면 저로서는 전 세계를 경악시킨 오만한 불의의 일격, 즉 잔혹한 렌의 판결이 내려진 이튿날을 상기시키는 것으로 충분하다고 여기기 때문입니다. 대통령 각하, 당신의 정부의 과오, 말하자면 당신의 과오가 시작되는 것은 바로 이 시점입니다.

저는 확신합니다. 언젠가 사람들은 확실한 증거 문서를 들고 렌에서 무슨 일이 있었는지 이야기할 것입니다. 저는 당신의 정부가 기만당한 방식, 그리고 뒤이어 우리를 기만해야 한다고 생각하게 된 과정을 지적하고자 합니다. 애초에 장관들은 드레퓌스의 무죄 석방을 확신했습니다. 하긴 논쟁이 필요 없을 정도로 명백한 무죄 증거를 파기원이 군사 법정에 넘겨준 상황에서 어떻게 그들이 무죄 석방을 의심할 수 있었을까요? 또한 그들의 부하들, 중개인들, 증인들, 심지어 드레퓌스 드라마의 배우들조차 만장일치는 아닐지라도 다수결에 의해 무죄가 선고되리라고 전망하는 상황에서 어떻게 그들이 불안해 할 수 있었을까요? 그들은 우리의 걱정에 대해 미소로 답했습니다. 그리고 그들은 법정이 담합, 거짓 증언, 압력과 위협의 먹이가 되도록 태연히 방치했습니다. 그리고 심지어 그들은 눈먼 자신감에 빠진 나머지, 대통령 각하, 당신에게 사태의 심각성을 전혀 예고하지 않음으로써 결과적으로 당신마저 위험에 빠뜨렸습니다. 저는 만일 당신이 사태의 심각성을 조금이라도 눈치 챘더라면 틀림없이 랑부이예Rambouillet의 담화를 통해 결과에 상관없이 판결을 존중할 것이라는 약속을 하지는 않았으리라고 믿습니다. 그런데 통치에는 예견도 포함되는 것 아닐까요? 제가 보기에 정의의 올바른 작동을 보장하기 위해, 파기원 결정의 정직한 수행을 감시하기 위해 임명된 우리의 내각은 아무것도 예견하지 못했습니다. 내각은 온갖 종류의 열병으로 양심 불량이 된 그 사악한 자들이 내린 이 판결이 어떤 위험을 초래할지 몰랐습니다. 내각은 아무것도 하지 않았습니다, 내각은 낙관론에 젖어 있었습니다, 내각은 백주에 버젓이 범죄가 저질러지도록 방치했습니다! 물론 저는 장관들이 그때 정의를 원했다고 생각합니다. 그렇지만 물어봅시다, 그때 그 상황에서 장관들이 정의 말고 달리 무엇을 원할 수 있었을까요?

아무튼 결국 죄 없는 자가 두 번 단죄 받는 사상 초유의 극악한 사태가 발생했습니다. 파기원의 조사 이후 렌에서는 아무도 드레퓌스의 무죄를 의심하지 않았습니다. 그런데 마른 하늘에 날벼락이었지요, 공포가 프랑스를 휩쓸었고, 세계를 휩쓸었습니다. 배반당한 정부, 기만당한 정부, 상처받은 정부, 더욱이 이해할 수 없는 직무 유기로 스스로 이런 재앙을 초래한 정부가 무엇을 어떻게 할 수 있었을까요? 저는 그때 정의로운 사람들의 가슴을 그토록 고통스럽게 때린 충격이 인권의 승리를 책임지고 있는 당신의 장관들의 가슴도 미어지게 했기를 기대합니다. 하지만 결과는 어땠습니까? 그들의 확신이 붕괴된 그 이튿날, 즉 그들이 진실과 정의를 구현하기는커녕 미숙함과 부주의로 프랑스의 도덕적 붕괴——프랑스가 이 붕괴를 딛고 다시 일어서려면 몹시 오랜 시간이 걸리겠지요——를 초래했다는 사실을 알게 된 그날, 그들은 도대체 무엇을 했습니까? 대통령 각하, 당신의 정부의 과오, 당신의 과오가 시작된 것은 바로 거기서입니다. 여러 의견과 감정의 다툼이 격화되는 가운데 우리가 당신에게서 멀어진 것은 바로 거기서입니다.

우리에게 망설임이란 있을 수 없었습니다. 나라를 좀먹는 질병에서 프랑스를 구하고자 한다면, 프랑스에 진정한 평화를 되찾아주고자 한다면, 수술 방법은 단 하나밖에 없었습니다. 우리가 우리의 내면에 불의의 독을 지니고 있는 한 우리에게 건강한 평화란 없을 텐데, 왜냐하면 건강한 평화는 오직 고요한 양심 속에만 깃드는 것이기 때문입니다. 요컨대 정부로서는 즉각 파기원에 다시 제소하는 방법을 찾아야만 했습니다. 그것은 불가능한 일이 아니었습니다. 정부는 권력을 남용하지 않고서도 얼마든지 그렇게 할 수 있었습니다.

요컨대 정부로서는 진행 중인 모든 재판을 중단하고, 단 한 사람의 범죄자도 빠져나갈 수 없도록 빈틈없이 정의의 그물을 쳐야 했습니다. 암 덩어리를 뿌리째 제거하고, 국민에게 진실과 정의의 지고한 교훈을 제시하고, 세계의 눈앞에서 명예롭게 프랑스의 도덕을 재건해야 했습니다. 바로 그날 우리는 프랑스가 질병에서 회복되었고, 평화를 되찾았노라고 선언할 수 있었던 겁니다.

그런데 바로 그날 당신의 정부는 전혀 다른 입장을 취했습니다. 이를테면 당신의 정부는 진실이 활동하지 못하도록 하기 위해서는 그것을 땅에 묻는 것으로 족하다고 여기면서 진실을 다시 한번 질식시키고, 그것을 매장할 결심을 했습니다. 죄 없는 자에 대한 두 번째 단죄에 경악했음에도 불구하고, 당신의 정부는 먼저 죄 없는 자를 사면하고, 그런 다음 일반사면의 이름으로 만사를 종식시키는 이중의 조치만을 생각했습니다. 이중의 조치는 곧 취해졌고, 서로를 보완했는데, 그것은 사냥개들에게 쫓기며 자신의 사명을 다하지 못한 내각, 궁지에서 벗어나기 위한 최선의 방책으로 겨우 국익을 내세운 내각이 마련한 얄팍한 해결책이었습니다. 대통령 각하, 당신의 내각은 당신에게 비난의 불똥이 튀자 당연히 당신을 비호하려 들었습니다. 그리고 당신의 내각은 이 모든 것이 공화국을 위험에서 구하기 위한 실천적 조치일 뿐이라고 자위했습니다.

커다란 오류가 바로 그날 저질러짐으로써 조국은 품위와 힘을 회복할 마지막 기회를 놓쳐버린 것입니다. 시간이 흐름에 따라 상황은 점점 더 악화되었습니다. 정부는 출구 없는 궁지에 몰렸습니다. 만일 사면이 용인되지 않는다면 더 이상 통치할 수 없노라고 의회에서 정부가 선언했는데, 그것은 틀린 말이 아니었습니다. 하지만 정의의 구현이 아직도 가능할 때 정의를 무장 해제시킴으로써 사면을 불가피하게 만든 것이 바로 정부 자신 아니었던가요? 다시 말해 국민으로부터 모든 것을 구원할 임무를 부여받은 정부가 모든 것을 최악의 재앙으로 이끌어간 것입니다. 오류의 지순(至純)한 수정이 요구되었을 때, 정부는 거꾸로 멜린 씨의 정부와 뒤피 씨의 정부가 시작한 진실의 교살과 정의의 학살을 완결했습니다.

프랑스 정계에서 상황에 맞는 인물, 프랑스에게 진실을 외칠 인물, 그리하여 프랑스가 뒤따를 인물이 될 만한 강하고, 지적이고, 용감한 사람을 단 한 사람도 찾아볼 수 없다는 것은 정녕 프랑스의 불행이 아닐까요? 삼 년 전부터 적잖은 정치인들이 권좌를 차지하고 또 물러났습니다. 그런데 우리는 그 모두가 중심을 잃은 채 흔들리다가 결국 똑같은 오류를 저지르고 무너지는 것을 보았습니다. 저는 범죄를 사양치 않은 사악한 인물 멜린 씨, 혹은 가장 힘센 정파에 매수된 수상한 인물 뒤피 씨에 대해서는 언급조차 하지 않겠습니다. 예컨대 용기 있게 재심을 요구했던 브리송 씨를 봅시다. 유명한 앙리의 허위 문서[45]가 발견된 이튿날 그가 피카르 대령의 체포를 허락하는 치명적 오류를 저질렀을 때, 그에 대해 격심한 실망을 느끼지 않은 사람이 누가 있을까요? 그리고 파기원 형사 법정 단독재판권 해제법에 반대하는 용기 있는 담화를 발표함으로써 이 땅의 양심을 울린 발데크 루소 씨를 봅시다. 그가 사면 법안에 서명함으로써 훨씬 더 가혹하게 정의의 권한을 해제한 것은 정말이지 하나의 재앙이 아닐까요? 모름지기 진실과 정의의 벗들이 권좌에 오르자마자 거짓과 불의 외에 다른 구국의 수단을 찾지 못한다면, 그렇다면 차라리 적이 내각에 들어가는 게 더 나을지도 모르겠습니다.

대통령 각하, 영혼의 죽음인 사면 법안의 의회 통과 역시 구국의 결단이라는 미명하에 이루어졌습니다. 궁지에 몰린 당신의 정부 역시 공화국 수호, 즉 구국이라는 거창한 이름을 내걸지 않으면 안 되었습니다. 이런 의미에서 드레퓌스 사건은 과거의 온갖 반동 세력을 대표하는 교권주의와 군국주의의 이중의 음모 때문에 공화국이 겪는 위험을 적실하게 보여주었다고 말씀드릴 수 있습니다. 어쨌든 그날 이후 내각의 정책은 간단했습니다. 그것은 드레퓌스 사건을 질식시킴으로써 드레퓌스 사건을 떨쳐버리는 것, 이에 동의하지 않는다면 약속된 개혁이 이루어지지 않으리라는 것을 국민 대다수에게 납득시키는 것으로 요약됩니다. 그렇지만 정말 좋은 정책은 거짓과 불의라는 또 다른 독에 물들지 않으면서 교회와 군부의 독으로부터 자유로워지려는 정책이 아닐까요.

드레퓌스 사건의 지평은 한마디로 구역질 나는 정치적 지평입니다. 이런 상황은 비열하고 부패한 언론이 활개 치는 가운데 무책임한 정부가 국민을 최악의 악당들의 손에 넘겨줌으로써 야기되었습니다. 물론 저는 현 단계에서 행동을 취하기가 매우 어렵다는 것을, 혹은 거의 불가능하다는 것을 다시 한번 인정합니다. 하지만 그래도 역시 나라를 좀먹는 질병이 사라졌노라고 법령으로 공포한다고 해서 국민이 질병으로부터 안전해지는 게 아님은 말할 필요조차 없습니다. 사면은 이루어졌고, 그러니 재판은 없을 것이고, 그러니 더 이상 범죄자들을 기소할 수 없다는 사실이 죄 없는 드레퓌스를 두 번 처벌한 비행을 정당화할 수는 없으며, 그 잔혹한 불의를 수정하지 않을 경우 프랑스가 끝없이 겪을 끔찍한 악몽을 무화할 수는 없습니다. 당신이 진실을 매장해봤자 소용없습니다. 진실은 땅속에서 전진하며, 어느 날 문득 도처에서 발아하며, 마침내 거대한 복수의 초목으로 자라날 것입니다. 또한 더욱 나쁜 것은 당신이 청소년들의 정의감을 흐려놓음으로써 결과적으로 청소년들의 풍기 문란을 조장하고 있다는 사실입니다. 처벌이 없다면, 범죄도 없는 셈이지요. 도대체 당신은 거짓과 부패 속에서 자란 청소년들이 무엇을 배우기를 바랍니까? 국민에게는 교훈이 필요한데, 당신은 오히려 국민의 양심을 어둠 속에 몰아넣어 끝없이 타락시키고 있습니다.

문제의 핵심이 여기에 있습니다. 정부는 사면으로 안정을 실현하고 있다고 주장합니다. 그러나 우리는 반대로 정부가 사면으로 새로운 재앙을 준비하고 있다고 단언합니다. 다시 한번 말하건대, 불의 속에 평화란 없습니다. 그날그날 살아가는 데 익숙한 정치는 예컨대 육 개월의 침묵을 영원한 침묵으로 간주합니다. 사면으로 정부가 약간의 휴식을 얻고, 또 그것을 적절히 활용할 수도 있습니다. 그러나 진실은 곧 잠을 깨고, 함성을 지르고, 폭풍우를 몰고 올 것입니다. 폭풍우는 어디서부터 시작될까요? 물론 저는 모릅니다. 하지만 분명한 것은 그것이 온다는 사실입니다. 지금까지 행동하기를 원치 않았던 자들은 그때 얼마나 대경실색할까요? 양심적인 사람들과 악질적인 사람들을 한데 몰아넣은 그 추악한 사면이 그때 얼마나 무겁게 그들을 짓누를까요? 국민이 진상을 알게 되었을 때, 그리하여 국민이 정의를 되찾으려 할 때, 국민의 분노는 무엇보다 먼저 정의를 구현할 수 있었음에도 불구하고 그렇게 하지 않은 자들에게 쏟아질 것임이 자명하지 않을까요?

내가 사랑하는 위대한 친구 라보리는 멋진 수사(修辭)를 곁들여 이렇게 말했습니다. "사면 법안은 약점 법안이요 약골

법안입니다." 사면 법안에는 유약한 여러 정부의 비겁성이 축적되어 있습니다. 이를테면 사면 법안은 가증스러운 불의 앞에서 그것을 막을 힘도 그것을 교정할 힘도 없었던 사람들의 온갖 무기력의 산물입니다. 철퇴를 내려야 할 순간, 그들은 오히려 허리를 굽혔고, 뒤로 물러났습니다. 그토록 많은 범죄가 저질러진 후 마지막 순간 우리에게 제시된 것은 망각도 아니요, 용서도 아닙니다. 그것은 단순히 현행법을 적용시키는 것 외에 다른 수단을 갖지 못한 장관들의 무기력이요, 의지 박약이요, 심지어 공포입니다. 그들은 우리에게 서로 양보함으로써 우리를 안정시키려 한다고 말합니다. 하지만 그것은 사실이 아닙니다. 진실은 그들이 낡고 부패한 사회에 메스를 댈 용기가 없다는 데 있습니다. 이 후퇴를 감추기 위해 그들은 관용을 들먹이고, 반역자 에스테라지의 손과 영웅 피카르——후일 도처에 그를 기릴 동상이 세워질 겁니다——의 손을 동시에 들어주고 있습니다. 사악한 행동은 반드시 처벌받아야 하는데, 왜냐하면 그 행동이 양심을 해칠 뿐만 아니라 국가의 윤리를 썩게 하기 때문입니다.

그것이야말로 정히 공화국에 필요한 교육이 아닐까요? 만일 당신이 국익 때문에 진실과 정의를 추구하지 말아야 할 순간도 있다고 주장하신다면, 당신은 도대체 이 나라의 민주주의에 어떤 교훈을 남길 수 있을까요? 어쨌거나 군주와 교회가 지배하던 사회에서 상황에 따라 이용되던 국익이라는 개념은 앞으로 자유주의자들에 의해 명예롭게 재정립되어야 하겠습니다. 그런데 정치는 정말 영혼을 타락시키는 거대한 힘을 지닌 것 같습니다. 처음에는 그토록 용감하게 싸운 우리 친구들 중 여럿이 사면이라는 정치적 조치에 영합함으로써 궤변에 굴복하고 말았으니 말입니다! 예를 들면 그토록 꿋꿋하고 용감했던 랑Arthur Ranc[46]이 피카르의 구원 운동을 피카르가 전혀 원치도 않는 방향으로 몰고 가는 것을 보고 제 가슴이 찢어질 듯 아팠는데, 랑은 사면——실제로는 피카르의 명예 회복을 원천봉쇄하는 사면——이 군사 법정의 저주로부터 피카르를 구해줄 수 있으리라고 낙관했습니다. 그리고 조레스,[47] 고결하고 아량 있는 조레스, 모두가 의원직을 탐하던 시기에 기꺼이 투쟁의 일선에 섬으로써 의원 선거에서 떨어졌던 조레스의 행동은 얼마나 아름다웠던가요! 그 조레스가 피카르와 에스테라지, 레나크Joseph Reinach[48]와 뒤 파티 드 클람, 저와 메르시에 장군을 한데 묶어 사면하는 데 동의하다니요! 그렇다면 정당의 이익이 문제되는 순간, 절대적 정의는 사라지는 것이군요? 아! 고독한 사람이 된다는 것, 어떤 정파에도 얽매이지 않는다는 것, 오직 자신의 양심만을 따른다는 것은 얼마나 고귀한 일인지요! 오직 진실만을 사랑하면서, 진실이 대지를 뒤흔들고 하늘을 무너지게 할 때조차 진실을 요구하면서 자신의 길을 꿋꿋이 간다는 것은 얼마나 고귀한 일인지요!

대통령 각하, 드레퓌스 사건의 해결이 매우 희망적으로 보였던 시절, 우리는 아름다운 꿈을 꾸었습니다. 이 범죄가 인류의 자유로운 진보에 장애가 되는 온갖 반동 세력들이 연루된 범죄인만큼, 그 진상 조사는 어쩌면 우리에게 진정한 사회 발전을 위한 천재일우의 기회를 제공하는 게 아닐까 하고 생각했습니다. 이보다 더 결정적인 역사적 경험은 결코 주어진 적이 없으니까요. 이보다 더 귀한 역사적 교훈은 결코 주어진 적이 없으니까요. 몇 달 만에 우리는 국민의 양심을 일깨웠고, 국민을 계몽하고 성숙시키기 위해 한 세기 동안의 정치적 투쟁보다 더 많은 일을 했습니다. 우리는 가장 가증스러운 범죄의 공범자인 여러 사악한 세력들의 음모를, 형용할 수 없는 고통으로 전 인류의 반항심을 자극한 한 죄 없는 사람의 파멸을 국민 앞에 드러내놓는 것으로 족하다고 생각했습니다.

그리고 우리는 진실의 힘을 믿으며 승리의 날을 기다렸습니다. 계몽된 국민이 한꺼번에 떨쳐 일어나고, 프랑스로 돌아오는 드레퓌스를 환영하고, 조국이 양심을 되찾고, 정의를 예찬하는 제단을 세우고, 명예롭고 신성한 인권의 회복을 축성한다, 이는 진정 정의의 극치였습니다. 우리는 곧 너나없이 입맞춤을 나누는 시민들이 인간 연대의 일치 속에서 평화와 통일을 구현하리라고 확신했습니다. 그런데 이게 어찌된 일인지요! 대통령 각하, 당신은 그 후에 무슨 일이 일어났는지 잘 알고 있습니다. 승리가 의심스러워졌고, 부서진 진실의 파편마다 혼란이 깃들었고, 더욱이 불행한 국민의 의식 속에서 정의감이 희미해져갔습니다. 그렇습니다. 승리에 대한 우리의 기대는 너무나 조급했고, 너무나 범박했습니다. 그렇습니다. 인간이란 요술처럼 하루 만에 국가를 다시 일으켜 세워 신성하게 만들 수는 없는 모양입니다. 그런 눈부신 승리는 단숨에 이루어지는 게 아니라 숱한 노력과 고통을 통해서만 달성되는 모양입니다. 투쟁은 결코 끝나지 않았습니다. 한 걸음 전진할 때마다 하나의 고통이 따를 것입니다. 어쩌면 아버지가 이룬 성공을 아들이 확인해야 할지도 모릅니다. 그렇습니다. 프랑스 국민에 대한 애절한 사랑 속에서, 저는 지금까지 우리가 드레퓌스 사건에서 프랑스 시민 교육을 위한 자랑스러운 교훈을 끌어내지 못했다 하더라도 조금도 실망하지 않겠습니다. 저는 오래전부터 참고 기다릴 결심을 하고 있습니다. 참고 기다리다 보면 진실이 조금씩 프랑스 국민을 일깨울 것이고, 그리하여 언젠가 프랑스 국민이 성큼 성숙해져서 자유와 정의를 구현할 날이 올 것임을 믿어 의심치 않습니다.

  우리는 자나 깨나 프랑스 국민만을 생각했습니다. 드레퓌스 사건은 금세 확대되었고, 이내 곧 사회적인 사건, 인간적인 사건이 되었습니다. 악마도에서 고통받고 있는 그 죄 없는 자의 운명은 그야말로 일대 사건이었습니다. 실로 전 국민이, 진실과 정의를 뻔뻔스럽게 멸시하며 파괴를 일삼는 사악한 무리에 맞서 그와 함께 고통스러워했습니다. 그를 구원함으로써 우리는 세상 모든 피압박자, 세상 모든 희생자를 구원하는 셈입니다. 그런데 드레퓌스가 석방되어 사랑하는 가족들에게 돌아간 이후 우리가 드레퓌스 사건을 다시 문제 삼으려 한다고 우리를 비난하는 악랄한 자들 혹은 어리석은 자들은 대체 누구입니까? 그들은 바로 끊임없이 거짓으로 나라를 부패시키면서 비열한 정치 공작을 통해 정부로 하여금 어쩔 수 없이 사면 조치를 취하게 한 자들입니다. 우리는 드레퓌스가 모든 법적 수단을 강구하여 렌의 판결을 재심하게 만들기를 기원합니다. 물론 그는 그렇게 하지 않으면 안 되며, 우리는 기회가 주어지면 전심전력으로 그를 도울 것입니다. 저는 파기원이 지고한 사법권의 명예를 지키기 위해 기꺼이 최종 심판에 나서리라고 생각합니다. 거기서는 오직 하나의 법적 문제만이 다루어질 것입니다. 우리들 가운데 과거의 드레퓌스 사건을 다시 문제 삼자는 어리석은 주장을 할 사람은 결코 아무도 없습니다. 오늘 바람직하면서도 실현 가능한 유일한 과제, 그것은 이 사건에서 정치적·사회적 결과, 즉 이 사건이 그 긴급한 필요성을 입증한 바 있는 여러 개혁적 조치를 이끌어내는 것입니다. 그것이야말로 우리를 죽이려는 가증스러운 고소에 답하는 우리의 변론이 될 것입니다. 나아가 그것이야말로 우리의 결정적 승리가 될 것입니다.

 대통령 각하, 들을 때마다 저를 화나게 하는 이야기가 한 가지 있는데, 그것은 드레퓌스 사건이 프랑스에 너무나 많은 해악을 끼쳤다는 진부한 이야기입니다. 모두의 입이 그렇게 말했고, 모두의 펜이 그렇게 썼고, 내 친구들도 흔히 그렇게 말했고, 심지어 저도 그렇게 말한 적이 있습니다. 그렇지만 저는 그것이 더없이 나쁜 이야기라고 생각합니다. 여기서 굳이 프랑스가 세계에 보여준 그 자랑스러운 광경, 즉 정의의 구현을 위한 거대한 투쟁, 이상의 이름으로 행한 필사의 투쟁에 대해 언급할 필요는 없겠지요. 또한 여기서 굳이 이미 이루어진 결과들, 즉 국방부의 쇄신, 드라마에 참여한 수상한 배우들의 청산, 어쨌거나 일정하게 실현된 정의 등에 대해 언급할 필요는 없겠지요. 요컨대 드레퓌스 사건이 프랑스에 남긴 막대한 유산을 잊지 맙시다. 그것은 정녕 내부의 종양을 암시하는 피부 부스럼과 같은 것으로서 프랑스의 총체적 부패를 드러낸 의미심장한 사건이었습니다. 얼마 전까지만 해도 교회의 위험이 사람들을 두렵게 했고, 우스꽝스럽고 시대착오적인 볼테르주의자 오메Homais 씨[49]를 조롱하는 것이 멋지게 보였습니다. 이런저런 반동 권력들이 거대한 파리의 포석 아래로 전진하면서 공화국의 기반을 무너뜨리려 했고, 현행 제도의 파괴로 파리와 프랑스를 장악하려 했습니다. 그런데 바야흐로 드레퓌스 사건이 그 모든 반동 세력의 가면을 벗기고 있습니다. 그리고 마침내 공화주의자들은 제대로 행동하지 않을 경우 공화국을 강탈당할지도 모른다는 사실을 깨달았습니다. 일체의 공화국 수호 운동이 바로 여기서 나왔습니다. 만일 프랑스가 반동 세력의 오랜 음모에서 해방된다면, 그것은 바로 드레퓌스 사건 덕분일 겁니다.

저는 정부가 의회에서 사면 법안을 통과시키기 위한 구실로 내세운 그 공화국 수호의 임무를 충실히 이행하기를 기원합니다. 그것은 정부가 용감하고 쓸모 있는 정부로 거듭 태어나기 위해 선택할 수 있는 유일한 방법입니다. 부디 정부가 드레퓌스 사건을 부정하지 않기를 바랍니다. 부디 정부가 드레퓌스 사건을 프랑스에 주어진 가장 위대한 자산으로 인정하기를 바랍니다. 부디 정부가 우리와 함께, 만일 드레퓌스 사건이 없었더라면, 프랑스는 오늘날 반동주의자들의 손에 넘어갔으리라고 선언하기를 바랍니다.

대통령 각하, 제 개인적인 문제에 관한 한, 저는 그와 관련하여 아무도 비난하고 싶지 않습니다. 얼마 후면 제가 작가 생활을 시작한 지 사십 년이 됩니다. 그동안 저는 제가 발표한 책에 대한 세인의 비난이나 찬사에 전혀 신경 쓰지 않고 그 최후의 판단을 역사에 맡겼습니다. 그러므로 공중에 떠버린 제 재판에 대해서도 그리 큰 충격을 받지 않고 있습니다. 그것은 내일의 역사가 심판할 또 하나의 문제입니다. 물론 바람직한 진실을 밝힐 기회를 놓친 것이 아쉽지만, 진실은 반드시 다른 경로를 통해 밝혀지리라고 확신합니다.

그렇지만, 고백하자면, 저는 새로운 배심원단이 제 첫 번째 유죄 선고, 그 끔찍한 앙리의 허위 문서라는 몽둥이를 손에 쥔 장군들의 위협 아래 내려진 제 첫 번째 유죄 선고에 대해 어떻게 생각할지 몹시 궁금했습니다. 물론 제 재판이 순전히 정치적인 재판인 만큼 새로운 배심원단——그들을 협박해서 길을 잃게 만들기란 '누워서 떡먹기'보다 쉽지요——이라 하더라도 제가 크게 신뢰하지는 않았을 겁니다. 아무튼 제가 천명한 모든 고발 항목이 파기원에 의해 사실로 입증되었음에도 불구하고 다시 시작된 그 심리는 제게 큰 교훈을 남겼습니다. 이해하시겠습니까? 제가 허위 사실의 유포로 유죄를 선고받은 남자, 그 허위 사실이 진실로 인정되었음에도 불구하고 다시 법정에 끌려온 남자라는 것을 말입니다! 이해하시겠습니까? 제가 후일 파기원이 절대적 진실로 인정할 사실에 근거해서 다른 사람들을 고발한 남자라는 것을 말입니다! 만일 재판이 열려 무죄 선고가 내려졌더라면, 그것은 제게 정말 기쁜 일이었겠지요. 그렇지만 설령 다시 유죄 선고가 내려졌다 하더라도, 그것 역시 그리 나쁜 일이 아니었으리라고 생각합니다. 왜냐하면 비겁한 행동이나 맹목적 열정도 항용 우리에게 특별한 교훈을 남기곤 하니까요.

대통령 각하, 이제 좀더 구체적으로 말씀을 드려야겠습니다. 저는 이 모든 사건을 종결하기 위해 이 글을 쓰고 있습니다. 따라서 제가 펠릭스 포르 씨 앞으로 보낸 고발장을 당신에게 다시 설명하는 것은 불필요한 일이 아닐 텐데, 왜냐하면 그래야만 그 고발장이 정당했고, 온건했고, 심지어 죄에 비해 불충분했다는 사실과 당신 정부의 법이 죄도 없는 저를 사면하고 있다는 사실이 결정적으로 밝혀질 것이기 때문입니다.

저는 "그가 무의식적으로일망정——저는 그렇게 믿고 싶습니다——사법적 오판의 악마적 생산자 역할을 했고, 삼 년 전부터 가장 기괴하고 가장 범죄적인 계략으로 자신의 간악한 행동을 은폐했기 때문"에 뒤 파티 드 클람 중령을 고발했습니다. 그렇지 않을까요? 유명한 앙리의 허위 문서를 발견한 퀴녜Louis Cuignet 대위의 보고서를 읽어본 사람이라면 누구나 제 고발장이 신중하고 정중했음을 인정할 것입니다.

저는 "그가 심약한 탓일망정 금세기 최악의 범죄의 공범자 역할을 했기 때문"에 메르시에 장군을 고발했습니다. 여기서 저는 한 가지 잘못을 공개적으로 사과하겠습니다. 저는 "심약"이라는 표현을 철회하겠습니다. 그러나 메르시에 장군이 심약하다고 비난받을 이유는 없다 하더라도, 파기원의 조사가 밝혀내고 법전이 범죄적인 것이라고 규정한 일련의 행동에 대한 그의 책임은 움직일 수 없는 것입니다.

저는 "그가 드레퓌스의 무죄와 관련한 명백한 증거를 쥐고서도 그것을 묵살했고, 정치적 목적을 위해 그리고 위험에 빠진 참모 본부를 구한다는 명목으로 스스로 인간성 모독죄와 정의 모독죄를 저질렀기 때문"에 비요 장군을 고발했습니다. 지금까지 공개된 모든 문서가 비요 장군이 부하들의 범죄 행위를 알고 있었다는 사실을 입증합니다. 그리고 저는 제 아버지와 관련한 비밀문서가 비열한 언론에 넘겨진 것도 그의 명령에 따라 이루어진 일임을 덧붙여두고자 합니다.

저는 "그들이――아마도 전자는 종교적 열정에 의해 그리고 후자는 국방부를 누구도 손댈 수 없는 신성한 사원으로 만드는 군인정신에 의해――동일한 범죄의 공범자 역할을 했기 때문"에 드 부아데프르 장군과 공스 장군을 고발했습니다. 드 부아데프르 장군은 앙리의 문서가 허위임이 밝혀진 이튿날 사직서를 제출함으로써, 즉 역사의 무대에서 퇴장함으로써 스스로를 심판했습니다. 문자 그대로 최고위직 인사의 비극적 추락이 아닐 수 없습니다. 그리고 공스 장군은 명백히 입증된 범죄 행위의 책임을 이번 사면으로 부당하게 면제받은 사람들 가운데 하나입니다.

저는 "그들이 사악한 조사, 즉 후자의 보고서가 보여주듯 불공정의 기념비와도 같은 조사를 했기 때문"에 펠리외 장군과 라바리 소령을 고발했습니다. 부디 파기원의 조사 기록을 다시 읽어보시기 바랍니다. 거기에는 더없이 진실한 문서와 증언에 의해 확증된 야합이 드러나 있습니다. 에스테라지 사건의 예심은 정히 한 편의 파렴치한 사법적 코미디였습니다.

저는 "의료 진단에 의해 그들의 시력과 판단력에 문제가 있었음이 입증되지 않는 한, 그들이 날조된 거짓 보고서를 작성했음이 틀림없기 때문"에 세 명의 필적 전문가, 즉 벨롬 씨, 바리나르 씨, 쿠아르 씨를 고발했습니다. 그들은 명세서의 필체가 에스테라지의 것이 아니라는 기막힌 주장을 했는데, 제 생각에는 이것이야말로 삼척동자도 저지르지 않을 오류였습니다. 천하가 다 알듯 지금은 에스테라지 스스로도 명세서를 자신이 썼음을 인정하고 있습니다. 발로 보프레 Clément Ballot-Beaupré 재판장[50] 역시 보고서를 통해 이 사실에는 한 점 의심의 여지가 없다고 엄숙히 선언한 바 있습니다.

저는 "그들이 여론을 오도하고 잘못을 은폐하기 위해 특히 〈레클레르〉와 〈레코 드 파리〉를 통해 가증스러운 언론 캠페인을 벌였기 때문"에 국방부를 고발했습니다. 제가 보기에 이에 대한 증거는 지금까지 우리가 알게 된 모든 사실 그리고 범죄자들이 털어놓을 수밖에 없었던 모든 사실에 의해 충분히 확보되었습니다.

마지막으로 저는 "그들이 비공개 서류에 근거해서 피고에게 유죄를 선고함으로써 법을 위반했기 때문"에 첫 번째 군사 법정을 고발했고, "그들이 첫 번째 군사 법정의 불법성을 은폐하기 위해 진실을 알고서도 범죄자를 무죄 석방하는 사법적 범죄를 저질렀기 때문"에 두 번째 군사 법정을 고발했습니다. 전자의 경우 비공개 서류가 실제로 존재했다는 것은 파기원의 조사를 통해 그리고 심지어 렌의 재판을 통해 명백히 입증되었습니다. 후자의 경우 파기원의 조사가 야합, 펠리외 장군의 지속적인 개입, 무죄 석방을 가능케 한 상관들의 분명한 압박을 밝혀낸 바 있습니다.

대통령 각하, 보시다시피 제 고발 내용 중 나중에 드러난 범죄나 과오에 의해 정당화되지 않은 것은 하나도 없습니다. 거듭 말씀드리지만 제 고발장은 오늘날 밝혀진 그 수많은 만행들에 비춰보면 너무나 밋밋하고, 너무나 온건합니다. 고백하건대 저는 그때 만행이 그토록 많을 줄은 미처 예상하지 못했습니다. 자, 그렇다면 말입니다. 제가 행한 모든 고발이 사실로 드러났음에도 불구하고 저를 다시 한번 단죄함으로써 스스로를 치욕으로 물들인 법정, 그 법정이 진정 양심적인 법정, 아니 간단히 말해 합리적인 법정일까요? 당신은 죄 없는 저를 제가 고발한 숱한 범죄자들과 한데 묶어 사면한 당신 정부의 법이 진정 추악한 법이 아니라고 생각하십니까?

대통령 각하, 어쨌든 사면으로 인해 '사건'의 일 단계는 끝이 났습니다.

사람들은 역사의 심판을 약속함으로써 우리를 위로했습니다. 그렇지만 어쩐지 이 약속은 아사 직전의 빈민들의 고통을 마비시키는 기독교적 낙원의 약속처럼 들리는군요. 이렇게 말할까요? 친구들이여, 고통을 달게 받으세요, 마른 빵을 씹으세요, 맨바닥에서 주무세요. 그런데 지상의 행복한 자들은 식도락을 즐기며 포근한 새털 침대에서 자는군요. 혹은 이렇게 말할까요? 악당들일랑 좋은 자리에서 먹고 마시게 놔두세요. 그런데 정의로운 나의 친구들은 모두 시궁창에 처박히고 있군요. 그리고 사람들은 우리가 죽은 다음 우리를 기리는 동상이 세워질 것이라고 덧붙여 말합니다. 물론 좋은 일이지요. 그렇지만 저는 역사의 복수가 낙원의 약속보다 더 엄격하게 이행되기를 간절히 바랍니다. 그리고 분명한 것은 이 지상에서 누리는 약간의 정의가 제게는 낙원의 열락보다 훨씬 더 큰 기쁨이 되리라는 사실입니다.

저는 지금 결코 신세 한탄을 하고 있는 것이 아닙니다. 저는 사람들의 말대로 우리가 유리한 입장에 있음을 잘 알고 있습니다. 거짓은 오래갈 수 없습니다. 영원한 것은 오직 진실뿐입니다. 대통령 각하, 목하 당신의 정부는 사면으로 평화가 보장되리라고 장담하고 있습니다. 반면 우리는 당신의 정부가 사면으로 새로운 재앙을 마련했다고 생각하고 있습니다. 조금만 기다려보십시오. 누가 옳은지는 금세 밝혀질 것입니다. 다시 한번 강조합니다. 제가 보기에 프랑스가 불의를 깨닫고 수정하지 않는 한, '사건'은 완전히 종결되지 않을 것입니다. 저는 이미 렌에서 드라마의 제4막이 펼쳐졌고,

머지않아 필연적으로 제5막이 시작되리라고 말씀드린 바 있습니다. 그 생각만 하면 제 가슴에 고통이 엄습하는데, 사람들은 여전히 독일 황제가 진실을 쥐고 있고, 때가 되면 우리의 면전에 그 진실을 던질 수도 있다는 사실을 잊고 있습니다. 그것이야말로 가장 끔찍한 제5막, 제가 항상 두려워했던 제5막, 프랑스 정부가 절대로 받아들여서는 안 되는 제5막입니다.

사람들은 우리에게 역사의 심판을 약속했습니다. 대통령 각하, 우리는 당신을 역사의 심판에 넘깁니다. 역사는 당신이 무슨 일을 했는지 말해줄 것입니다. 당신은 역사 속에 당신의 페이지를 갖게 될 것입니다. 처음엔 그 민주주의적 선정에 저조차도 감동했던 펠릭스 포르 씨, 피혁상 출신이었지만 그 인기가 하늘을 찌를 정도로 존경받았던 펠릭스 포르 씨, 하지만 동시에 그 불행한 펠릭스 포르 씨를 생각해보십시오. 그는 이제 영원히 죄 없는 자의 순교를 승인한 부당하고 심약한 인간으로 기억될 것입니다. 정녕 진실과 정의의 인간으로 대리석 기념탑에 이름을 새기고 싶지 않습니까? 어쩌면 아직도 늦지 않았습니다.

저는 시인, 즉 한구석에 틀어박혀 자기 일에 몰두하는 고독한 이야기꾼일 뿐입니다. 저 역시 선량한 시민이란 자신이 가장 잘 할 수 있는 노동을 국가에 바치는 데 만족해야 한다는 것을 잘 알고 있습니다. 그러기에 저는 다시 책 속에 갇혀

살고자 합니다. 말하자면 저 스스로 떠맡은 사명이 끝난 이상, 저는 다시 책 속으로 돌아가고자 합니다. 저는 제가 할 수 있는 한 가장 정직하게 제 모든 역할을 수행했습니다. 그리고 저는 마침내 침묵 속으로 돌아가고자 합니다.

다만 꼭 한 가지 덧붙이고 싶은 것이 있는데, 그것은 제 귀와 눈이 항상 크게 열려 있을 것이란 사실입니다. 저는 조금은 안Anne 언니[51]와 닮았습니다. 저는 밤낮으로 지평선에서 무슨 일이 일어나는지 지켜보겠습니다. 고백하건대 저는 미래가 싹트고 있는 저 먼 지평선이 머지않아 우리에게 많은 진실, 많은 정의를 보내주기를 간절히, 간절히 바랍니다.

기다리겠습니다.

존경과 더불어 인사드립니다, 대통령 각하, 안녕히 계십시오.

해제

드레퓌스 사건과 지식인의 양심

1. 에밀 졸라

(1) 졸라의 문화사적 좌표

프랑스 문화사에 있어서 18세기를 철학의 시대, 20세기를 인문학의 시대라고 부른다면, 19세기는 단연 문학의 시대라고 불릴 만하다. 18세기에 볼테르Voltaire, 루소Jean Jacques Rousseau, 디드로Denis Diderot가 있었고, 20세기에는 사르트르Jean Paul Sartre, 레비스트로스Claude Lévi-Strauss, 푸코, 들뢰즈Gilles Deleuze, 라캉Jacques Lacan, 부르디외Pierre Bourdieu가 있었다. 19세기에는 무엇보다 문인들이 프랑스 문화사의 정수를 수놓았다. 낭만주의, 사실주의, 상징주의 등 새로운 문예사조가 탄생하는 가운데 샤토브리앙François René de Chateaubriand, 위고Victor Hugo, 발자크Honoré de Balzac, 스탕달Stendhal, 플로베르Gustave Flaubert, 졸라, 보들레르Charles Baudelaire, 랭보Arthur Rimbaud, 베를렌Paul Verlaine, 말라르메

Stéphane Mallarmé 등이 시대정신을 이끌었다. 19세기에는 문인이 당대의 최고 지식인, 그게 아니라면 최소한 오피니언 리더로 인정받았는데, 이런 경향은 2차 세계대전 직후까지 계속되었다.[52]

농경 전원사회에서 도시 산업사회로 이행하는 19세기 프랑스에서 문화·경제·정치의 총체적 모습을 가장 잘 담아낸 문학 장르는 소설이었다. 비평계의 일반적 경향에 비추어 볼 때, 19세기 전반부의 대표적인 소설가로는 발자크를, 중반부의 대표적인 소설가로는 플로베르를, 후반부의 대표적인 소설가로는 졸라를 꼽을 수 있다. 시인으로서 보들레르의 꿈이 위고를 넘어서는 것이었다면, 소설가로서 졸라의 꿈은 발자크와 플로베르를 넘어서는 것이었다. 졸라는 시대의 증인으로서 사회 현실을 비판적이고 충실하게 그려냄으로써 선배들을 계승하려고 노력하는 한편, 자연주의자로서 문학과 과학의 행복한 융합을 꾀함으로써 선배들과 구별되려고 애썼다. 요컨대 졸라는 사회적 동일성과 예술적 차별성을 동시에 추구함으로써 영혼의 스승인 발자크와 플로베르에게서 자유로워지고자 했던 것이다.

(2) 자연주의자 졸라

에밀 졸라는 파리에서 태어나 파리에서 죽었지만, 토목기사인 아버지의 사업 관계로 3살부터 18살까지 유소년기를 남프랑스의 중소 도시 엑상프로방스에서 보냈다. 졸라의 전기를 쓸 때 이 시기에 주로 언급되는 사건은 중학교 때 만난 미래의 위대한 화가 세잔Paul Cézanne과의 교우이다. 어머니는 프랑스인이었지만 아버지가 이탈리아인이었기에 졸라는 22살 때인 1862년 프랑스로 귀화했다.[53] 그의 일생에서 눈에 띄는 개인적 사건이라고는 이 정도가 고작일 만큼, 졸라의 삶은 머리에서 발끝까지 작가의 삶 그 자체였다. 그렇다면 프랑스 문학사가 작가로서의 졸라에게 부여하는 가장 보편적인 호칭은 무엇일까? 그것은 아마도 자연주의자가 아닐까 싶다.

물론 자연주의라는 용어가 졸라의 전유물은 아니다. 졸라와 동시대 소설가 가운데 자연주의자를 자칭했던 작가로는 알렉시Paul Alexis, 세아르Henri Céard, 에니크Léon Hennique, 위스망스Joris-Karl Huysmans, 모파상Guy de Maupassant 등이 있다. 그렇지만 실질적으로 자연주의 이론을 정립하고 전파한 자연주의 운동의 수장이 에밀 졸라라는 데 이의를 제기할 사람은 없을 것이다. 그렇다면 자연주의naturalisme란 과연 무엇인가?

그것은 "자연으로 돌아가자"라는 루소의 외침과도 사뭇 다르고, "문명의 상징인 옷을 벗어 던지자"라는 나체주의 naturisme와는 전혀 다르다. 졸라가 위대한 리얼리스트인 발자크, 스탕달, 플로베르 등과 구별되기 위해 선택한 방법은 이론의 극단화였는데, 그가 발견한 자연주의의 본질은 '자연과학적 방법론의 문학에의 적용'에 있었다. 여기서 그가 적용하려 했던 자연과학적 방법론은 '유전론'과 '환경결정론'으로 요약된다. 졸라 문학의 정수를 이루는 그 유명한《루공마카르》(1871~1893)는 바로 유전론을 종축으로, 환경결정론을 횡축으로 해서 쓰인 소설 총서이다.

20권으로 이루어진《루공마카르》총서의 제목은 아델라이드 푸크Adélaïde Fouque라는 여자를 정점으로 하는 한 가족에서 유래한다. 시골 부농의 딸인 아델라이드는 루공이라는 농부와 결혼해서 아들 하나를 낳고, 3년 후 남편이 죽자 마카르라는 주정뱅이 밀수업자와 관계해서 아들 하나와 딸 하나를 낳는다.《루공마카르》는 이 아델라이드 푸크의 자손들의 이야기로서 적통인 루공 가계는 대개 정상인들로 구성되어 있고, 사생아 혈통인 마카르 가계는 대개 비정상적 아웃사이더들로 구성되어 있다.[54] 졸라는《루공마카르》총서를 통해 유전과 환경의 영향에 대해 말하고자 했는데, 이는 '제2제정하의 한 가족의 자연적 · 사회적 역사Histoire naturelle et sociale d'une famille sous le Second Empire'라는 부제만 보아도 쉽게 알 수 있다. 여기서 '자연적 역사'가 유전의 영향을, '사회적 역사'가 환경의 영향을 전제로 하고 있음은 말할 필요조차 없다. 예컨대《나나*Nana*》의 여주인공 나나는《목로주점*L'Assommoir*》의 여주인공 제르베즈의 딸로서 어머니의 일탈적 기질의 '유전' 및 파리 빈민가의 타락한 '환경'에 의해 그 행동이 결정되고 있다.

하지만 결론적으로 말해, 유전론과 환경결정론이라는 졸라의 방법론은 그에게 그다지 바람직한 결과를 안겨주지 못했다. 예컨대 《제르미날》의 주인공 에티엔은 어머니 제르베즈로부터 물려받은 알코올 중독의 유전인자 때문에 한 방울의 술에도 살의를 느끼는데, 과연 그런 일이 실제로도 가능한 것일까? 또한 그의 환경결정론은 노동자의 역사적 역할을 부정하는 쪽으로 귀결될 수밖에 없었다. 예를 들어 《목로주점》에서 노동자의 불행은 순전히 알코올과 섹스로 얼룩진 환경에서 비롯된 것으로 그려져 있다. 환경이 문제라면, 누가 환경을 바꿔줄 것인가? 졸라에 의하면 그것은 현실적 힘을 가진 부르주아이다. 노동자의 낙원을 가능하게 하는 것이 부르주아의 시혜(施惠)라니, 동시대의 사회주의자들은 코웃음을 쳤다. 유전론과 환경결정론으로 요약되는 졸라의 자연주의는 그 야심만만한 착상에도 불구하고 결국 이런저런 허점 때문에 기대에 걸맞은 결과를 거두지 못한 것이 사실이다.

(3) 시대의 증인 졸라

졸라가 사실주의와 자연주의의 이론적 차이를 강조했음에도 불구하고, 독자들은 사실주의 소설과 자연주의 소설을 그리 잘 구분하지 못했다. 오늘날 졸라가 프랑스 문학사에 길이 남을 수 있었던 것은 아무래도 자연주의자로서보다는 시대의 증인으로서라고 해야 옳을 것이다. 이런 면에서 볼 때 《루공마카르》총서도 자연주의 이론의 우화로서보다는 제2제정(1852~1870) 시대의 사회 풍속의 역사로서 더 큰 가치를 지니고 있다. 졸라는 1,200여 명의 인물이 등장하는《루공마카르》총서를 통해 정치, 경제, 문화, 예술, 노동, 사생활 등 프랑스 제2제정 시대의 온갖 특징적 상황을 기록하고자 했다.[55] 졸라는 자기 시대를 제대로 묘사하기 위해 선배들처럼 관찰과 자료 조사를 했음은 물론이려니와 필요하다면 실험까지 시도했다. 요컨대 그는 '현실의 서기'가 되어 부르주아, 노동자, 농민 등 모든 사회 계층의 삶을 묘사함으로써 한 시대의 벽화를 그려내고자 했던 것이다.

그런데 졸라가 그린 제2제정 사회의 벽화는 매우 암울한 그림자에 휩싸여 있다.《사랑의 한 페이지 *Une Page d'amour*》,《삶의 기쁨 *La Joie de vivre*》,《꿈 *Le Rêve*》등 몇몇 작품 속에는 순수한 꿈과 행복을 추구하는 인물들이 등장하기도 하지만, 그들은 제2제정 사회의 전형이 아니다. 졸라는《루공 가의 행운 *La Fortune des Rougon*》,《파리의 배 *Le Ventre de Paris*》,《이전투구 *La Curée*》,《외젠느 루공 각하 *Son Excellence Eugène Rougon*》, 《돈 *L'Argent*》,《부인들의 행복 백화점》등을 통해 쿠데타, 부동산 투기, 은행 증권 조작, 자본 집중 등 지배 계급의 온갖 타락상을 보여주었고,《목로주점》,《제르미날》,《땅*La Terre*》등을 통해 민중의 참상을 폭로했다.《루공마카르》총서는 본질적으로 제2제정 사회의 타락 백서에 다름 아니다.

프랑스 후기 구조주의 문학비평가 바르트Roland Barthes는 진정한 문학적 참여는 문제의 해결이 아니라 증언과 진단에 있으며, 이런 면에서 프랑스 문학사상 단연 돋보이는 작가는 졸라라고 말한 바 있다.[56] 그렇다. 훌륭한 작가란 문제를 해결하는 사람이 아니라 문제를 제기하는 사람이다. 추문을 추문이라고, 진실을 진실이라고 외치는 시대의 증인이 바로 작가이다. 작가로서 졸라의 진정성은 특히 드레퓌스 사건의 진실, 즉 누구나 알고 있었지만 아무도 말하지 않으려 했던 진실을 백일하에 드러냈다는 데 있다. 그렇다면 드레퓌스 사건이란 과연 무엇이고, 이 사건에서 졸라는 어떻게 행동했는가?

2. 드레퓌스 사건

1894년 10월 31일 독일을 위해 스파이 활동을 했다는 혐의로, 한 프랑스 장교가 체포되었다. 1870년 보불전쟁에서 제2제정의 프랑스가 비스마르크의 독일에게 치욕적인 패배를 당한 이후 프랑스에서는 격심한 대독對獨 적대감이 만연해 있었다. 이 같은 적대감은 프랑스와 독일 사이의 치열한 첩보전을 촉발했고, 그 와중에 몇몇 정보원이 체포되어 중형을 선고받기도 했다. 그런데 이번에 문제가 된 피고는 유태인이었다. 속된 말로 '제대로 걸린' 셈이었다. 단순한 정보원 사건이 시대를 대표하는 역사적 사건으로 비화된 배경에는 바로 내셔널리즘nationalisme[57]과 반유태주의antisémitisme 열풍이 있었음을 잊어서는 안 될 것이다.

(1) 드레퓌스 사건의 역사적 배경

제3공화국(1870~1940)의 출범은 독일에 대한 프랑스의 패배에 기인한 것이었다. 따라서 제3공화국이 성립된 1870년부터 드레퓌스 사건이 발발한 1894년까지 프랑스의 대외 정책이 온통 독일을 향한 복수에 집중된 것은 전혀 이상한 일이 아니다. 프랑스의 영광을 부르짖는 내셔널리즘은 19세기 초 나폴레옹의 혁명전쟁과 함께 이미 한차례 프랑스를 휩쓴 바 있다. 그 내셔널리즘이 19세기 말 알자스로렌 지방을 회복하려는 전 국민적 염원과 함께 사회정치적 광풍으로 부활한 것이다. 1880년대 후반 군부의 상징인 불랑제Georges Boulanger 장군을 국민의 지도자로 옹립하려는 소위 불랑제주의가 기세를 떨친 것도 이런 맥락에서 이해해야 할 것이다.

프랑스가 외국 용병이 아닌 프랑스 병사로 구성된 국민군을 가지게 된 것은 대혁명 때부터인데, 점차 시간이 흐르면서 대부분의 장교단이 대혁명 이전의 귀족 가문에서 충원되는 폐단이 발생했다. 그 이유는 도시의 상류층 부르주아 자제들은 군대 생활에 매력을 느끼지 못해 입대를 꺼린 반면, 도시 산업화의 영향으로 피폐해진 농촌의 귀족 자제들은 군대를 새로운 기회의 땅으로 여겼기 때문이다. 동시대 프랑스 사회의 진보적 민주화 경향에 비추어볼 때, 프랑스 군부의 보수적 성향은 확실히 시대착오적인 것이었다. 게다가 프랑스 군장교단의 강한 결속력이 애국심이 아니라 계급적 유대감에 기인하고 있음은 대단히 유감스러운 일이었다.

한편 유럽인들의 유태인에 대한 박해는 어제오늘의 일이 아니었다. 프랑스 대혁명 이전 유럽의 유태인들은 끝없는 유랑을 강요당했고, 간혹 정착이 허용되는 경우에도 게토ghetto라고 불리는 집단 거주 지역을 벗어날 수 없었다. 그런데 프랑스 대혁명 이후 프랑스는 특유의 톨레랑스tolérance[58] 정신에 따라 유태인들로 하여금 프랑스인과 똑같은 시민권을 누리게 했으며, 혁명전쟁을 통해 다른 나라에도 이 같은 원칙을 요구했다. 그렇다면 유태인들은 정말 프랑스에서 행복하게 살았을까? 대혁명 이후의 상황을 요약해보자.

유태인들은 오랫동안 유랑 생활을 해온 터라 당연히 토지가 없었다. 유태인들의 전통적인 치부 수단은 대금업이었다. 유태인들이 왕정복고 이후 프랑스 자본주의의 발달 과정에서 금융자본가로 성장한 것은 이런 사정과 무관하지 않다. 제2제정 사회에 이르러 말 그대로 금융 왕국을 세우는 데 성공한 로트실트Rothschild 가家는 유태인 영광의 상징 그 자체였다. 그러나 모름지기 성공에는 복수가 따르는 법이다. 발자크, 졸라 등의 소설에서 쉽게 확인할 수 있는 것처럼, 대금업, 금융, 증권 투기 등은 당연히 유태인의 이미지를 몹시 부정적인 것으로 만들었다. 더욱이 제3공화국 초기 보수적인 유태인 금융가들이 공공연히 취한 왕당파 지지 태도는 부르주아지와 노동계급의 반유태 감정을 부채질했다.[59] 그리고 1890년을 전후해 터진 희대의 뇌물 스캔들, 파나마 운하회사 사건은 극단적 반유태주의 감정을 일반화하는 데 결정적인 역할을 했다.

1894년 드레퓌스 사건이 터진 것은 바로 이런 사회정치적 배경하에서다. 요컨대 동전의 양면과도 같은 내셔널리즘과 반유태주의의 고려 없이 드레퓌스 사건을 제대로 이해하기란 불가능하다. 두 시대정신을 항상 염두에 두면서, 사건의 구체적 전개 과정을 주요 흐름에 따라 연대기적으로 정리해보자.

(2) 드레퓌스 사건의 진행 과정

드레퓌스 사건은 대체로 다음과 같은 여섯 단계로 나뉘어 진행되었다. 드레퓌스 재판과 유죄 판결 → 피카르의 문제 제기 → 에스테라지 재판과 무죄 석방 → 졸라의 〈나는 고발한다!〉 → 드레퓌스 사건의 재심과 사면 → 드레퓌스 사건의 재심과 완전한 복권

ㄱ. 드레퓌스 재판과 유죄 판결

1894년 12월 19일 군사 법정에서 드레퓌스 사건에 관한 재판이 비공개로 진행되었다. 독일에 전달되었다는 문제의 명세서의 작성자가 필적 감정에 의해 드레퓌스 대위로 추정되었다. 국방부 장관 메르시에 장군이 재판관들에게 불법적으로 전달한 '비밀 자료'[60]가 배심원들의 결정에 지대한 영향을 미쳤다. 결국 드레퓌스 대위는 공개 군적 박탈과 종신 유배를 선고받았다. 1895년 1월 5일 에콜 밀리테르Ecole militaire 연병장에서 군중의 적의에 찬 시선 속에서 드레퓌스의 군적 박탈식이 거행되었고, 1895년 4월 13일 드레퓌스는 유형지인 프랑스령 기아나의 '악마도'로 가는 배를 탔다.[61]

ㄴ. 피카르의 문제 제기

만일 피카르 중령이 없었더라면, 드레퓌스 사건의 진실은 영원히 미궁에 빠졌을지도 모른다. 피카르 중령의 양심이 드레퓌스를 구했고, 프랑스를 구했다. 1896년 3월 프랑스 참모본부 정보국은 일명 '청색 엽서Petit bleu'라는 수상한 속달 우편 한 통을 입수했는데, 수신인 이름이 에스테라지 소령이었

다. 당시 막 정보국장이 된 피카르 중령은 즉각 에스테라지 소령에 대한 조사에 착수했고, 그 결과 에스테라지 소령이 드레퓌스 사건에서 문제가 된 명세서의 진짜 작성자임을 알게 되었다. 그는 곧바로 직속상관인 참모총장 드 부아데프르 장군과 참모차장 공스 장군에게 이 사실을 알려 오판을 바로잡을 것을 건의했지만, 그들은 사건 재검토의 필요성에 대해 공감하지 않았다.

1896년 9월 드레퓌스 부인은 재판 절차의 불법성을 이유로 의회에 재판의 재심을 요구하는 청원서를 제출했다. 1896년 10월 재심을 원하지 않았던 신임 국방부 장관 비요 장군은 피카르를 격리시킬 목적으로 그를 동부전선, 뒤이어 튀니지로 파견했다. 1897년 6월 튀니지에서 파리로 돌아온 피카르는 친구인 변호사 르블루아에게 사건에 대해 알고 있는 모든 것을 비밀을 조건부로 털어놓았다. 그러나 1897년 7월 르블루아는 상원 부의장 쉐레르케스트네르에게 그 내용을 알려주었고, 드레퓌스의 무죄를 확신한 쉐레르케스트네르는 본격적으로 드레퓌스 사건의 재심 운동을 시작했다.

ㄷ. 에스테라지 재판과 무죄 석방

1897년 11월 15일 알프레드 드레퓌스의 형, 마티외 드레퓌스가 쉐레르케스트네르의 요청에 따라 에스테라지 소령을 공식적으로 고소하는 편지를 비요 장관에게 보냈다. 에스테라지는 비밀 통신에 의해 참모 본부와 긴밀히 대책을 논의했다. 필적 전문가들은 참모 본부의 압력으로 문제의 명세서의 필적이 에스테라지의 것이 아니라고 판정했으며, 결국 1898년 1월 11일 군사 법정은 에스테라지를 만장일치로 무죄 석방했다. 말하자면 어이없게도 에스테라지의 재판이 드레퓌스가 아니라 에스테라지에게 면죄부를 준 셈이다. 군중은 정부情婦와 나란히 팔짱을 낀 채 법정에서 나오는 에스테라지를 열광적인 환호로 맞이했다.

ㄹ. 졸라의 〈나는 고발한다!〉

에스테라지의 무죄 석방은 예상대로 드레퓌스파와 반드레퓌스파의 대립을 격화시켰다. 특히 에밀 졸라는 이 혐오스러운 판결을 계기로 드레퓌스 사건에 본격적으로 뛰어들었다. 판결 이틀 후인 1898년 1월 13일 〈로로르〉지는 언론 사상 가장 유명한 기사가 된 〈공화국 대통령 펠릭스 포르 씨에게 보내는 편지〉, 즉 〈나는 고발한다!〉를 일면 톱기사로 실었다. 졸라는 원래 '대통령에게 보내는 편지'를 제목으로 할 생각이었는데, 편집장 클레망소Georges Clemenceau의 권유에 따라 〈나는 고발한다!〉로 바꾸었다. 그날 〈로로르〉지는 평소 판매 부수의 10배가 넘는 30만 부를 찍었지만 삽시간에 동이 나버렸다. 후일 유명한 사회주의 정객 레옹 블룸Léon Blum은 "〈나는 고발한다!〉는 단 하루 만에 파리를 통째로 뒤흔들었다"는

표현으로 그날의 쾌거를 회고했다.[62]

ㅁ. 드레퓌스 사건의 재심과 사면

〈나는 고발한다!〉가 게재된 이후 청년 학생들과 진보적 지식인들은 한결 더 강한 결속력을 보이며 드레퓌스 사건의 재심을 요구했다. 더욱이 유명한 '앙리의 허위 문서'가 폭로되고, 그것을 작성한 앙리 소령이 의문의 자살을 하자 드레퓌스 사건의 재심은 불가피한 듯 보였다. 더욱이 드레퓌스 사건은 시간이 흐를수록 국내뿐 아니라 국외에서도 혐오감을 불러일으켰다. 프랑스가 서구 문명의 전위였던 만큼 프랑스의 불의를 바라보는 세계는 큰 불안과 함께 심한 구토를 느꼈다. 마치 세계 문명의 전위를 자처하는 미국의 불의를 바라보는 오늘날의 우리처럼 말이다.

1898년 9월 각료 회의가 드레퓌스 부인의 재심 요청을 받아들임으로써 모든 자료가 프랑스 최고 재판소인 파기원으로 넘어갔고, 1898년 10월 파기원은 격론 끝에 마침내 원심을 파기했다. 재심 개최지로는 렌이 선정되었는데, 그것은 렌이 드레퓌스가 도착할 항구에서 가까울 뿐만 아니라 소란스러운 파리에서 멀리 떨어져 있다는 이점이 있었기 때문이다.

1899년 8월 세계가 지켜보는 가운데 렌의 한 고등학교에서 드레퓌스 사건의 재심이 열렸다. 그렇지만 렌이라고 해서 소란이 없었을까. 재심이 진행되는 동안 드레퓌스의 변호인인 라보리 변호사가 거리에서 총격을 당했는데, 범인은 잡히지 않았다. 2개월 전 이미 에스테라지가 자신이 문제의 명세서의 작성자라고 자백했음에도 불구하고, 1899년 9월 9일 군사 법정은 5대 2로 재차 드레퓌스의 유죄를 확정함으로써 다시 한번 세계를 경악하게 했다. 결국 정부와 군부는 참모 본부와 드레퓌스를 다 살리기 위한 고육책으로 유죄 확정과 사면을 생각해낸 것이다.

1899년 9월 19일 대통령 에밀 루베는 수순에 따라 드레퓌스를 사면하는 행정 명령에 서명했거니와, 이는 드레퓌스 사건의 사법적 종결을 의미했다.[63] 그런데 사면이란 무엇인가? 그것은 죄가 있음을 전제로 하는 것이다. 이것이 바로 드레퓌스가 받아들였던 사면을 드레퓌스파가 받아들이지 않았던 이유이다. 드레퓌스가 사면을 수용한다는 것은 곧 그의 무죄를 초지일관 주장했던 피카르를 곤경으로 몰아넣는다는 것이었다. 드레퓌스를 구해준 은인, 그 피카르를 말이다. 사실 드레퓌스는 군인으로서도 동료들에게 그리 매력적인 인물로 평가받지 못했었다. 그런데 사면까지 받아들이자, 드레퓌스는 드레퓌스파 모두에게 실망스러운 인물로 비쳤다. 참모 본부 근무 시절부터 드레퓌스를 별로 좋아하지 않았던 피카르는 이를 계기로 드레퓌스에게서 더욱 멀어져 갔다.

ㅂ. 드레퓌스 사건의 재심과 완전한 복권

1900년 4월 개막된 만국박람회가 초래한 일종의 휴전도 드레퓌스파의 분노를 가라앉히기에는 역부족이었다. 정부와 의회가 드레퓌스파를 진정시키기 위해 선택한 마지막 카드는 이른바 사면법이었다. 드레퓌스의 사면 이후 15개월이 지난 1900년 12월, 의회는 사면법을 통과시켰다. 요컨대 사면법은 좌우를 막론한 모든 사건 관련자들을 사면함으로써 가능한 논쟁을 원천봉쇄하는 데 그 목적이 있었다. 이것은 문제의 해결이 아니라 문제의 말소, 즉 문제의 회피였다. 드레퓌스파는 사면법 통과를 시민에 대한 반역 행위로 규탄했지만 소용없었다.

드레퓌스파에게 사건의 종결을 의미하는 복권은 1906년이 되어서야 이루어졌다. 1904년 3월 파기원은 명예를 되찾기 위해 사면 혜택을 자진 반납한 드레퓌스가 제기한 새로운 재심 요구를 타당하다고 인정했고, 보충 수사를 명령했다. 그리고 1906년 7월 12일 파기원은 원심을 환송 없이 파기하면서 드레퓌스에게 내린 유죄 선고가 오류였음을 만천하에 선언했다. 이튿날 의회는 지체 없이 드레퓌스와 피카르의 군대 복귀 법안 및 졸라 유해의 팡테옹[64] 이장 법안을 가결했는데, 드레퓌스와 피카르와 졸라의 복권은 곧 자유와 정의와 진실의 복권을 의미했다. 1906년 7월 드레퓌스는 레지옹 도뇌르 훈장을 받았고, 1906년 10월 피카르는 전前 〈로로르〉 편집장이자 현現 내각수반인 클레망소에 의해 국방부 장관으로 임명되었다. 보수주의 언론의 격렬한 항의에도 불구하고 졸라의 유해 역시 시민들의 애도 속에 1908년 6월 4일 팡테옹으로 이장되었다. 졸라의 이장식이 거행되는 동안 반드레퓌스파 신문기자 한 명이 드레퓌스의 팔에 총상을 입힌 것이 이 기나긴 역사적 사건의 마지막 이야깃거리였다.

3. 드레퓌스 사건과 졸라

1898년 1월 13일 발표된 〈나는 고발한다!〉는 졸라 인생의 전환점이자 프랑스 역사의 전환점이었다. 졸라는 이 글의 발표 이후 한편 국가적 배신자의 상징이 되었고, 다른 한편 양심적 지식인의 상징이 되었다. 전자는 부르주아 독자의 상실로 인한 경제적 고통——어쩌면 의문의 가스 중독사까지도——을 초래했고, 후자는 이미 대가大家로서 인정받고 있던 그의 문학적 지위를 단연 세계적인 것으로 만들었다. 졸라 개인의 운명과는 별도로, 〈나는 고발한다!〉 발표를 기점으로 사람들은 드레퓌스 사건을 단순한 수사 드라마가 아니라 프랑스의 현재와 미래, 나아가 세계의 현재와 미래를 결정짓는 대하 역사 드라마로 읽기 시작했다. 이런 사실을 중심으로 졸라가 드레퓌스 사건의 주역이 된 과정을 간략히 개관해보자.

(1) 〈나는 고발한다!〉 이전

애초에 졸라는 드레퓌스 사건에 대해 잘 알지도 못했고, 별 관심도 없었다. 드레퓌스의 재판이 열린 1894년 그는 소설 《로마*Rome*》의 자료 조사를 위해 이탈리아에 머물고 있었고, 여느 프랑스인과 마찬가지로 그 역시 드레퓌스 사건의 판결에 특별히 의혹의 시선을 던질 이유가 없었다. 드레퓌스 사건 재심 운동이 본격적으로 시작된 1897년에도 그의 관심은 온통 《메시도르*Messidor*》의 상연과 《파리*Paris*》의 집필에 쏠려 있었다.

졸라가 이 사건에 관심을 가지게 된 것은 1897년 11월 초 《사법적 오판, 드레퓌스 사건*Une Erreur judiciaire, L'Affaire Dreyfus*》을 출간한 바 있는 드레퓌스파 작가 라자르에게서 사건의 진상을 들으면서부터이다. 드레퓌스파로서는 당대의 문호 졸라가 그들의 진영에 합류한다면 천군만마를 얻는 셈이었으리라. 1897년 11월 중순 상원 부의장 쉐레르케스트네르의 집에서 열린 비밀 모임에 참석한 졸라는 마침내 진실 규명을 요구하는 캠페인을 전개할 결심을 했고, 〈르 피가로〉를 통해 〈쉐레르케스트네르 씨M. Scheurer-Kestner〉, 〈조합Le Syndicat〉, 〈조서Procès-verbal〉 등 3편의 글을 연이어 발표했다. 하지만 〈르 피가로〉의 보수적인 독자들은 졸라의 글을 좌시하지 않았다. 그들의 격렬한 구독 해지 운동을 이겨낼 수 없었던 〈르 피가로〉의 편집진은 결국 졸라의 글을 사양했고, 졸라는 이어지는 2편의 시론, 〈청년들에게 보내는 편지Lettre à la Jeunesse〉와 〈프랑스에게 보내는 편지Lettre à la France〉를 파스켈Fasquelle 출판사를 통해 팸플릿으로 발표할 수밖에 없었다. 그러나 이것은 좌절의 서곡에 불과했다. 1898년 1월 11일 군사 법정은 그 죄상이 백일하에 드러난 에스테라지에 대해 만장일치로 무죄 석방을 선고했다. 반면 '청색 엽서'를 위조한 혐의로 기소된 피카르는 같은 날 체포·투옥되었다. 드레퓌스파로서는 참으로 감당하기 힘든 일격이 아닐 수 없었다.

(2) 〈나는 고발한다!〉

1898년 1월 13일 저 유명한 졸라의 격문 〈나는 고발한다!〉가 〈로로르〉에 발표된 것은 바로 이런 상황하에서다. 앞서 말한 대로 이 글이 실린 〈로로르〉는 단 몇 시간 만에 30만 부가 팔렸다. 그 파장은 실로 엄청난 것이었다. 보수주의자들이 격노한 가운데 고등사범학교 학생들, 작가들, 예술가들, 과학자들, 교수들의 대대적 지지가 이어졌다. 아나톨 프랑스Anatole France, 에밀 뒤르켐Emile Durkheim, 마르셀 프루스트Marcel Proust, 클로드 모네Claude Monet 등이 망설임 없이 드레퓌스 사건의 재심 청원서에 서명했다. 이를테면 에스테라지 석방, 피카르 투옥, 쉐레르케스트네르의 상원 부의장직 상실 등으로 꺼져가던 재심 운동의 불씨가 〈나는 고발한다!〉[65]라는 한 편의 글로써 다시 활화산처럼 타오르기 시작한 것이다. 정부와 참모 본부는 〈나는 고발한다!〉의 파급 효과에 대경실색했다. 국방부 장관 비요가 서둘러 졸라를 명예훼손죄로 고소했고, 반드레퓌스파는 어떤 대가를 치르고서라도 재심을 막으려 했다.

1898년 2월 센 중죄재판소로 소환된 졸라는 15차례의 공판 끝에 법정 최고형인 징역 1년에 벌금 3,000프랑을 선고받았다. 졸라는 즉각 프랑스 최고 법원인 파기원에 상고했고, 1898년 4월 파기원은 상고를 받아들여서 센 중죄재판소의 판결을 형식상의 결함을 이유로 파기했다. 파기원에 따르면 졸라를 고소할 수 있는 주체는 에스테라지에게 무죄판결을 내린 군사법원이지 국방부 장관이 아니었다. 군사법원의 반응 역시 신속했다. 그들은 졸라를 다시 기소하기로 결정했고, 그의 레지옹 도뇌르 훈장을 회수할 것을 요청했다. 1898년 7월 베르사유 중죄재판소는 졸라에게 원심대로 징역 1년에 벌금 3,000프랑을 선고했다.[66] 이제 판결의 집행을 막는 방법은 그 판결을 전달받지 않는 것밖에 없었다. 그리하여 졸라는 선고 당일 저녁 런던으로 원하지 않는 망명을 떠났고, 며칠 후 정부는 그의 레지옹 도뇌르 수훈자 자격을 박탈했다.

졸라의 영국 망명에 대해서는 오늘날까지도 의견이 분분하다. 한쪽에서는 불가피한 선택으로 받아들였고, 다른 한쪽에서는 비겁한 도피로 받아들였다. 어쨌든 영국 망명이 〈나는 고발한다!〉 이후 날로 뜨거워져 갔던 찬사의 열기를 식힌 것만은 분명해 보인다. 특히 사람들은 졸라의 망명을 피카르의 투옥과 즐겨 비교하곤 했다. 졸라는 정말 망명보다 투옥을 택해야 했을까?

(3) 〈나는 고발한다!〉 이후

드레퓌스 사건의 주역은 당사자인 드레퓌스 대위를 비롯해 그를 유죄로 몰아간 참모 본부 장교, 국방부 장관, 보수주의 정객, 그리고 그의 무죄를 입증하려 애쓴 피카르 중령, 진보적 지식인, 공화주의 정객들이다. 그러나 이런 주역들만 있었더라면, 드레퓌스 사건은 그렇게 장기화되지 않았을지도 모른다. 드레퓌스 사건을 보수와 진보의 물러설 수 없는 결전장으로 만든 것은 아마도 반유태주의와 내셔널리즘의 선동에 호응한 군중이리라.

여기서 착각하지 말아야 할 것은 군중과 민중이다. 독일계 유태인 여류 사상가 아렌트Hannah Arendt는 반드레퓌스파 군중을 민중이라고 부르지 말 것을 요청한다. 그녀에 의하면 민중이 올바른 변화를 위해 궐기할 때, 각 사회계급의 찌꺼기로 형성된 군중은 대개 자신의 계급을 증오하면서 강력한 지도자를 찾는다.[67] 반드레퓌스파 선동가들이 교회와 귀족의 재정적 지원을 바탕으로 사회적 낙오자들을 반유태주의, 반의회주의, 군국주의 운동에 끌어들였음은 분명하다. 말하자면 드레퓌스파의 지식인들은 실질적으로 반드레퓌스파가 장악하고 있는 국가 권력 및 이들에 의해 조종되는 군중 심리, 즉 막연한 국민감정과 이중의 싸움을 벌여야만 했다. 〈나는 고발한다!〉 발표 이후 졸라는 예상대로 군중의 표적이 되어 끊임없이 살해의 위협에 시달렸다.

다른 한편 〈나는 고발한다!〉는 졸라에게 헤아릴 수 없이 많은 지지 편지를 안겼거니와, 그것이 그의 행진을 지속시킨 원동력이 되었음은 말할 필요조차 없다. 여론이 재심으로 돌아선 것은 1898년 여름부터인데, 앞서 말한 것처럼 유명한 '앙리의 문서'가 허위 문서로 밝혀졌고, 뒤이어 앙리가 감옥에서 의문의 자살을 했기 때문이다. 위기에 몰린 에스테라지는 처음에는 벨기에로, 그 다음에는 영국으로 피신했다. 1899년 6월 재심이 확정되자 피카르는 석방되었고, 졸라는 영국에서 돌아와 〈로로르〉에 게재한 〈정의Justice〉를 통해 진실과 정의의 승리를 선언했다.

그 후의 일은 위에서 설명한 그대로이다. 1899년 9월 렌의 군사 법정은 또다시 드레퓌스에게 유죄를 선고했고, 졸라는 〈로로르〉에 쓴 〈제5막Le Cinquième Acte〉을 통해 3개월 전과는 반대로 진실과 정의의 죽음을 선언했다. 이어서 대통령 에밀 루베가 드레퓌스에게 사면령을 내리자 졸라는 '고통받은 자'의 석방을 진심으로 축하하는 동시에 드레퓌스의 명예 회복, 더 나아가 프랑스의 명예 회복을 위해 끝까지 투쟁할 것을 다

집했다. 1900년 12월 의회가 드레퓌스 사건 자체를 땅속에 묻어버리기 위해 사면법을 통과시켰을 때, 졸라는 〈공화국 대통령 에밀 루베 씨에게 보내는 편지Lettre à M. Emile Loubet, Président de la République〉를 통해 역사의 정의를 구현하기 전에 이 땅의 정의부터 구현할 것을 촉구했고, 항의의 의미로 침묵을 선언했다. 그런데 이 침묵은 이내 곧 영원한 침묵으로 이어졌다. 1901년 2월 《멈추지 않는 진실La Vérité en marche》을 출간한 다음, 드레퓌스 사건을 모티브로 한 소설 《진실Vérité》을 유고로 남긴 채, 1902년 9월 30일 졸라는 불의의 가스 중독 사고로 사망했다. 그리고 그가 보지 못한 드레퓌스 사건의 행복한 결말, 즉 드레퓌스의 복권은 그로부터 4년이 흐른 1906년 7월 13일에 이루어졌다.

4. 멈추지 않는 진실

12년에 걸친 드레퓌스 재판으로 밝혀진 것은 드레퓌스와 피카르의 무죄뿐이다. 반역자 에스테라지[68]도, 사건을 오도한 뒤 파티 드 클람과 앙리도, 군부를 욕되게 한 메르시에, 드 부아데프르, 공스 장군도, 아무도 법적으로 단죄되지 않았다. 따라서 사법적 의미에서 보면 드레퓌스 사건은 영구 미제未濟 사건이라고 할 수 있다. 한편 드레퓌스 사건에 있어서 드레퓌스라는 고유명사는 그리 결정적 중요성을 갖지 않는다. 동료들의 증언에 의하면 드레퓌스는 다소 융통성이 없는 성실한 군인이었다. 동료들은 그의 맹목적 군인정신으로 볼 때 만일 자신의 사건만 아니었더라면 드레퓌스는 틀림없이 반드레퓌스파의 일원이 되었으리라고 평가했다. 더욱이 그는 유죄 인정을 전제로 하는 사면을 받아들일 정도로 심약한 사람이었다. 한마디로 드레퓌스는 드레퓌스 사건에 어울리지 않는 사람이었다. 그런데 드레퓌스가 매력적인 인간이 아니었다는 사실은 드레퓌스파의 투쟁의 계기가 단순한 연민이 아니었음을 반증하기도 한다. 요컨대 드레퓌스 사건의 진정한 의미는 '사법'이나 '연민'이 아니라 '역사'에 있다.

(1) 드레퓌스 사건의 역사적 의미

모든 인간은 두 개의 조국, 즉 모국이라는 조국과 프랑스라는 조국을 가지고 태어난다고 했던가. 자유와 정의의 프랑스! 드레퓌스의 재판과 함께 만인의 조국 프랑스는 사망했고, 드레퓌스의 복권과 함께 만인의 조국 프랑스는 부활했다. 진실과 정의의 수호라는 추상적 의미와는 별도로, 드레퓌스 사건은 구체적으로 우리에게 어떤 역사적 의미를 제시하고 있는가?

첫째, 드레퓌스 사건은 19세기에서 20세기로 넘어가는 길목에서 벌어진 봉건 보수 세력과 공화 진보 세력의 마지막 대혈투라고 할 수 있다. 지금까지 살펴본 것처럼, 드레퓌스 사건의 주범은 몇몇 군인이 아니라 보수적인 시대 분위기였다. 즉 1870년 보불전쟁에서 패한 후 독일에 대한 프랑스의 공포는 국민들로 하여금 군대라는 '수단'을 국가 안보라는 '목적'과 혼동하게 했고,[69] 이 혼동의 불길에 보수파가 반유태주의와 내셔널리즘이라는 기름을 부었던 것이다. 드레퓌스 사건은 어쩌면 프랑스가 근대 반봉건 사회에서 현대 민주주의 사회로 넘어가기 위해 반드시 겪어야 할 통과의례였을지도 모른다.

둘째, 드레퓌스 사건은 유태인의 정체성 확립과 이스라엘 건국의 계기를 마련했다.[70] 유태인들은 이 사건을 거치면서 현대적 민족의식을 가지게 되었고, 유태민족주의를 가리키는 시온주의sionisme에 본격적으로 빠져들었다. 그들은 그 어느 나라보다 앞장서서 자신들에게 사법적·공민적 권리를 보장했던 프랑스가 반유태주의의 물결에 휩쓸리는 것을 보고 전율적 공포를 느꼈다. 특히 프랑스 권력자들은 대중의 인기를 얻기 위해 유태인들을 공개적으로 모욕하기를 주저하지 않았다. 그리하여 드레퓌스 스스로 자신의 유일한 죄는 유태인이라는 사실에 있다고 항변하기도 했다. 인종 차별 문제는 드레퓌스 사건을 온전히 이해하기 위한 기본 코드 가운데 하나이다.

셋째, 드레퓌스 사건은 언론을 통한 여론 조작이라는 현대적 양상을 보여주었다. 당시 언론은 이미 여론의 전달자가 아니라 여론의 제조자였다. 그 점에 있어 〈르 프티 주르날〉을 정점으로 한 반드레퓌스파 신문과 〈로로르〉를 필두로 한 드레퓌스파 신문은 근본적으로 차이가 없었다. 드레퓌스 사건의 물꼬를 진실의 승리 쪽으로 되돌린 졸라의 〈나는 고발한다!〉 역시 문학 매체가 아니라 〈로로르〉라는 신문을 통해 발표되었음을 상기하자. 〈나는 고발한다!〉가 소설 독자뿐만 아니라 소설을 경멸하던 식자층까지 결집시킬 수 있었던 것은 바로 이런 언론 매체 덕분이었던 것이다. 물론 여기서 꼭 짚어두어야 할 사실이 있다. 반드레퓌스파 신문은 드레퓌스파 신문과 달리 여론 조작을 위해 사실의 왜곡까지 서슴지 않았다는 사실 말이다. 그들에게서 군국주의와 반유태주의에 기반을 둔 파시즘적 선동 정치의 원형을 본다면 지나친 비약일까?[71]

넷째, 드레퓌스 사건이 보여준 또 하나의 현대적 양상은 지식인의 정체성 확립과 사회 참여 전통의 마련이었다. 드레퓌스파 식자들은 발언을 주고받고 행동을 조직하는 가운데 자연스럽게 하나의 사회 집단을 형성했는데, 반드레퓌스파 진영에서 이들을 다소 경멸적으로 일컬어 '지식인'이라고 했다. 그 이전에도 지식인이란 단어가 없었던 것은 아니지만, 그것이 현대적 의미, 즉 지적 활동(사유의 영역)과 사회 참여(실천의 영역)를 결합시키는 사람이라는 뜻[72]을 지니게 된 것은 바로 드레퓌스 사건을 계기로 해서이다.[73] 드레퓌스 사건 이후 적어도 프랑스에서는 양심에 따른 지식인의 사회 참여가 '필요'의 차원이 아니라 '의무'의 차원으로 승화되었다. 이를테면 지금 이 시각 미국의 세계화, 아니 세계의 미국화를 위해 전쟁도 불사하는 미국, 그 미국을 필사적으로 거부하는 프랑스 지식인 사회의 일반적 분위기는 저 멀리 드레퓌스 사건에서 비롯되었다고 말할 수 있으리라.

(2) 졸라에게 보내는 경의

졸라의 장례식에서 아나톨 프랑스는 자신의 조사를 지식인 졸라의 사회 참여에 대한 찬사로써 끝맺었다. "우리는 그를 부러워합니다. 방대한 저작과 위대한 참여를 통해 조국을 명예롭게 했기 때문입니다. 우리는 그를 부러워합니다. 걸출한 삶과 뜨거운 가슴이 그에게 가장 위대한 운명을 선사했기 때문입니다."[74] 참여문학을 주창한 사르트르는 《더러운 손 Les Mains sales》에서 혁명의 성공을 앞당기기 위해 참여자가 해야 할 일은 각자에게 가장 위험한 일이 아니라 각자가 가장 잘 할 수 있는 일이라고 말했다.[75] 작가 졸라가 가장 잘 할 수 있는 일, 그것이 바로 글쓰기였다. 다시 말해 《멈추지 않는 진실》에 실린 13편의 글은 작가 졸라의 진정한 참여요, 진정한 고발이요, 진정한 행동이었다.

글쓰기를 통한 진실과 정의의 역사 창조는 졸라에게 실로 가혹한 대가를 요구했다. 사람들은 그가 투쟁을 통해 자기선전을 하고 있고, 또한 유태인 조직으로부터 돈을 받고 있다고 모략했다. 덕분에 그가 10년 전부터 공들여온 아카데미 프랑세즈 회원 피선은 물 건너간 일이 되었다. 경제적 손실 역시 사회적 손실 못지않게 컸다. 재판 비용, 작품 판매 부수의 격감, 망명 생활, 집필 시간의 부족 등은 그를 문자 그대로 파산 상태로 몰고 갔다.[76] 어쩌면 의문의 가스 중독사는 그가 치른 마지막 대가일지도 모른다. 졸라는 우리에게 이렇게 말하고 있는 듯하다. 고발이란 폭력이 아니라 희생이다.

드레퓌스 사건으로 인해 졸라가 받은 고통의 보상은 사후에 이루어졌다. 1908년 6월 4일 의회의 결정으로 졸라의 유해가 프랑스를 빛낸 위인들이 잠들어 있는 팡테옹으로 이장되었다. 물론 살아 있는 졸라에게도 위안과 찬미가 없었던 것은 아니다. 예를 들면 1898년 3월 〈르 시에클Le Siècle〉은 〈나는 고발한다!〉를 쓴 저자의 용기를 기리기 위해 기부금을 모아 금메달을 제작했다.[77] 앞면에는 졸라의 얼굴, 뒷면에는 졸라의 글이 새겨졌는데, 현재 프랑스 국립도서관에 소장되어 있는 이 메달을 뒤집어보자.

"진실이 전진하고 있고, 아무것도 그 발걸음을 멈추게 하지 못하리라."

주

1) 영국의 역사가 데이비드 톰슨David Thomson은 드레퓌스 사건을 '사건 중의 사건'Affaire des Affaires'이라고 불렀다[*Les Intellectuels face à l'Affaire Dreyfus alors et aujourd'hui*, Ouvrage collectif(Paris : L'Harmattan, 1998), 7쪽에서 재인용].

2) Henri Mitterand, *Zola, la vérité en marche*(Paris : Gallimard, 1995), 109쪽.

3) 2002년에도 기자 출신 연구자 장 브델Jean Bedel이 《암살당한 졸라*Zola assassiné* 》를 간행한 바 있다[Jean Bedel, *Zola assassiné*, (Paris : Flammarion, 2002)].

4) 이른바 드레퓌스 사건의 희생자인 알프레드 드레퓌스Alfred Dreyfus의 형, 마티외 드레퓌스Mathieu Dreyfus가 진범 에스테라지Ferdinand Walsin Esterhazy를 문제의 '명세서bordereau'의 작성자로 고발한 날은 1897년 11월 25일, 즉 알프레드 드레퓌스가 체포된 지 3년 1개월 된 날이었다.

5) 쉐레르케스트네르Auguste Scheurer-Kestner는 상원 부의장으로서 드레퓌스 사건 초기에 핵심적인 역할을 했고, 졸라Emile Zola로 하여금 드레퓌스 사건에 뛰어들도록 만든 사람 가운데 하나이다. 사건의 진상을 최초로 알게 된 피카르Georges Picquart 중령이 그의 죽마지우인 르블루아Louis Leblois 변호사에게 진실을 털어놓았는데, 르블루아 변호사가 쉐레르케스트네르에게 그 사실을 전함으로써 마침내 정계에 진실이 알려

지기 시작했다. 쉐레르케스트네르는 드레퓌스가 사면된 1899년에 죽었다.

6) 1895년 1월 5일 에콜 밀리테르Ecole militaire 교정에서 받은 이 수모는 11년 후 법적으로 완전 복권된 드레퓌스가 1906년 7월 21일 같은 장소에서 레지옹 도뇌르 훈장을 받음으로써 상징적으로 보상되었다.

7) 라자르Bernard Lazare는 알프레드 드레퓌스의 형 마티외 드레퓌스의 간청에 따라 드레퓌스 사건의 진상을 밝히는 팸플릿 〈사법적 오판Une erreur judiciaire〉을 쓴 유태계 문필가이다.

8) 포르지네티Ferdinand Forzinetti는 드레퓌스가 반역죄로 체포되어 수감되었던 셰르슈 미디Cherche-Midi 형무소의 소장으로서 상관들에게 드레퓌스의 무죄를 주장한 양심적 군인이다.

9) 모노Gabriel Monod는 사건 초기부터 드레퓌스의 유죄를 의심하고서 그의 석방을 위해 노력한 저명한 역사학자이다.

10) 르블루아는 사건의 진상을 최초로 간파한 피카르 대령이 이를 맨 처음 털어놓은 죽마지우 변호사이다.

11) 피카르는 상데르Jean Sandherr 대령의 후임으로서 참모 본부 정보국장을 맡아 반역죄의 증거인 명세서의 작성자가 드레퓌스가 아닌 에스테라지임을 처음 알아차린 후 온갖 고초 속에서도 끝까지 진실과 정의를 옹호한 용기 있는 군인이다. 그가 없었더라면 드레퓌스 사건은 영원히 은폐되었을지도 모른다. 1906년 10월 25일 클레망소Georges Clemenceau 수상은 그를 국방부 장관으로 임명했다.

12) 1870년은 프랑스가 프로이센과의 전쟁에서 패배한 해이다.

13) 프랑스 제3공화정 초기에 일어난 정경政經 결탁 스캔들이다. 수에즈 운하를 완성한 프랑스인 레셉스Ferdinand de Lesseps가 1881년 파나마 운하 건설 공사에 착수했다가 여러 가지 난항에 부딪혀 1888년 파산하게 되었다. 그런데 파산하기 직전 그의 파나마 운하회사가 공채 발행의 입법

화를 시도하면서 많은 의원들을 돈으로 매수한 것이 사건의 발단이 되었고, 1892년 반유태계 신문이 여기에 몇몇 유태인이 연루되어 있다고 폭로하면서 사건이 일파만파로 커졌다. 이로 인해 여러 명의 의원이 퇴진했고, 반유태주의 열풍이 불어 닥쳤다. 1894년 드레퓌스 사건이 터진 것은 이런 사회적 환경 속에서이다.

14) 여기서 '노인'은 쉐레르케스트네르 상원 부의장을 가리킨다.

15) 라틴 구區는 소르본 대학을 비롯한 몇몇 대학이 자리 잡고 있는 파리의 중심가로서 대학촌의 대명사라고 할 수 있다.

16) 1897년 12월 4일 국회는 이전의 판결을 존중하고 군대에 대한 경의를 공유하기로 의결한다.

17) 1897년 12월 7일 쉐레르케스트네르 씨는 상원에서 어떤 경위로 드레퓌스의 무죄를 확신하게 되었는지, 비요Jean-Baptiste Billot 장군과 멜린Félix Méline 수상을 설득하기 위해 어떤 시도를 했는지를 공개한다.

18) 역사적으로 프랑스와 독일이 번갈아 지배한 알자스로렌은 독일적 색채가 짙게 배어 있는 지방이다.

19) 불랑제주의란 1887년 육군 장관직에서 해임된 뒤 정계에 투신한 불랑제Georges Boulanger 장군을 중심으로 보수 우익 세력이 결집하면서 벌인 반의회주의·반공화주의·군국주의 운동을 가리킨다.

20) 아르통Arton은 파나마 사건에 연루된 사업가로서 사건이 터지자 외국으로 도피했다.

21) 파나마 사건에 연루된 수많은 정치가와 사업가 중에서 자신의 죄를 인정한 사람은 전 건설부 장관 바이오Baïhaut뿐이었다.

22) 여기서 졸라는 보수 반동적 목적을 이루기 위해 여론을 호도하는 언론의 비열한 술책을 비판하고 있다.

23) 1897년 창간된 〈로로르L'aurore〉는 드레퓌스 사건을 계기로 프랑스의 주요 신문으로 떠올랐다. 당시 발행인은 보강Ernest Vaughan이었지만

실질적으로 잡지를 이끌었던 사람은 강력한 신념의 정객 클레망소였다. 졸라의 격문에 '나는 고발한다!J'accuse'라는 제목을 붙이자고 제안한 사람도 바로 그였다.

24) 군사 법정이 '명령에 따라' 무죄 선고를 했다는 바로 이 기술이 나중에 졸라가 기소당하는 사유가 된다.

25) 독일 대사관 무관 슈바르츠코펜Maximilien von Schwartz-koppen과 이탈리아 대사관 무관 파니차르디Alessandro Panizzardi 중령은 서로 통신문을 주고받으며 내통하고 있었다. 그들은 알렉상드린Alexandrine이라는 여자 이름으로 서명했는데, 어느 날 프랑스 참모 본부 정보국이 그들의 통신문 중 한 장을 입수했다. 바로 이 통신문 속에 'D'라는 자가 등장한다. 'D'의 정체를 밝히지 못하고 있던 정보국은 드레퓌스 사건이 터지자 무턱대고 드레퓌스를 'D'로 단정했고, 군사 법정에도 비밀리에 이 통신문을 결정적 증거로 제시했다. 그런데 정보원, 특히 적의 첩자가 군사 기밀을 주고받을 때 자신의 진짜 이니셜을 썼다는 사실을 당시 그 어떤 정보 계통 종사자도 믿지 않았다.

26) 1896년 3월에 입수한 이 전보 엽서를 둘러싼 조사 덕분에 피카르 중령은 에스테라지 소령이 드레퓌스 사건의 진범임을 알게 된다. 과정을 보자. 정보국은 우선 에스테라지라는 자의 정체를 파악하는 데 주력했다. 그 즈음 루앙의 보병 장교로 있던 에스테라지 소령이 대담하게도 참모 본부에 배속 신청서를 제출했는데, 피카르 중령은 그 필적이 명세서의 필적과 유사하다는 것을 알아차렸다. 곧 필적 감정이 이루어졌고, 필적 감정사들은 이구동성으로 두 문서의 작성자가 동일인임을 확인해 주었다. 참고로, 당시 사람들은 전보 엽서의 색깔이 푸른색이었기 때문에 이 엽서를 흔히 '청색 엽서Petit bleu'라고 불렀다. 국내에 소개된 드레퓌스 사건 관련 번역서에서 '푸른 엽서', '파란 엽서' 혹은 '파랑 엽서'라고 하는 것은 바로 이 전보 엽서를 가리킨다.

27) 도박꾼 모레스Antoine de Morès 후작은 튀니지 변경에서 유목민 전사들에게 살해당했는데, 그는 에스테라지 소령과 모종의 관계가 있는 사람으로 알려져 있다.

28) 마티외 드레퓌스는 알프레드 드레퓌스의 형으로서 '사건'의 시작부터 끝까지 줄기차게 동생의 무죄 석방을 위해 투쟁한 인물이다.

29) 생루이Saint-Louis, 바야르Bayard, 콩데Condé, 오슈Hoche는 모두 프랑스 역사가 자랑하는 전승戰勝을 거둔 영웅들이다.

30) 졸라의 아버지 프랑수아 졸라François Zola는 이탈리아인이었다. 졸라가 1862년 프랑스에 귀화했음에도 불구하고 반드레퓌스파는 졸라가 이탈리아인이라는 사실을 지속적으로 상기시킴으로써 프랑스 국민들의 민족적 자존심을 자극하는 동시에 졸라의 행동을 폄훼했다. 특히 에르네스트 쥐데Ernest Judet는 〈르 프티 주르날Le Petit journal〉에 졸라의 아버지 프랑수아 졸라의 전력前歷에 시비를 거는 글을 기고하기도 했다.

31) 경범 재판소는 같은 죄목으로 1898년 7월 9일 졸라에게 징역 2개월과 벌금 2,000프랑, 그리고 고소인 각각에게 손해 배상금 5,000프랑을 지급하라는 판결을 내렸다.

32) 네메시스Nemesis는 그리스 신화에 나오는 율법의 여신으로서 인간의 죄악과 교만에 대한 신의 분노와 복수를 의인화하고 있다.

33) 1870년 9월 스당 근교에서 벌어진 이 전투에서 프랑스가 프로이센에 대패함으로써 보불普佛전쟁이 종식되었고, 그 결과 나폴레옹 3세의 제2제정이 몰락했다.

34) 1900년 파리 만국박람회를 가리킨다. 1851년 런던에서 처음 개최된 만국박람회는 1855년, 1867년, 1878년, 1889년, 1900년 등 여러 차례 파리에서 개최되었다.

35) 슈바르츠코펜 대령은 프랑스 주재 독일 대사관 무관으로서 정보를 팔겠다는 에스테라지의 제의를 받아들인 인물이다. 드레퓌스 사건이

진행되는 동안 침묵할 수밖에 없었던 그는 1930년 독일에서 사건의 진실을 기록한 글을 출판한다.

36) 라보리Fernand Labori는 1898년 1월 에스테라지 재판에서 고소인인 드레퓌스의 아내 뤼시 드레퓌스Lucie Dreyfus의 변호를 맡았고, 1898년 2월 졸라 재판에서 졸라의 변호를 맡았고, 1899년 8월에서 9월까지 진행된 드레퓌스 사건 재심에서 드레퓌스의 변호를 맡았던 변호사이다.

37) 드레퓌스 사건 재심이 한창이던 1899년 8월 14일 라보리 변호사는 괴한으로부터 총격을 받아 척추 부근에 총상을 입었지만, 천만다행으로 생명에는 지장이 없었다.

38) 일반적으로 드레퓌스파는 드레퓌스의 사면에 동의하지 않았다. 왜냐하면 사면을 받아들인다는 것은 곧 유죄를 인정한다는 것을 의미했기 때문이다. 그들에게는 드레퓌스의 무죄 석방과 완전한 복권復權, 그것만이 진실과 정의의 승리를 보장하는 것이었다. 드레퓌스와 드레퓌스의 가족이 사면을 받아들였다는 사실은 특히 드레퓌스의 무죄 석방을 위해 모든 것을 희생한 피카르 중령에게 엄청난 충격을 주었다.

39) 1899년 9월 19일 드레퓌스는 사면을 받아 자유의 몸이 된다.

40) 1906년 7월 12일 프랑스 최고 법원 파기원이 렌 군사 법정의 판결을 최종적으로 파기함으로써 드레퓌스는 완전 복권되며, 이로써 1894년부터 1906년까지 12년 동안 프랑스를 혼란의 도가니로 몰아넣었던 소위 '드레퓌스 사건'이 공식적으로 종결된다.

41) 내재적 정의la justice immanente란 자연의 순리에 따라 이루어지는 정의를 의미한다.

42) 여기서 파리의 샹드마르스Champ-de-Mars 연병장은 군대의 상징으로, 드레퓌스가 유폐되었던 악마도l'île du Diable는 폭압의 상징으로 사용되고 있다.

43) 알프레드 드레퓌스의 형 마티외 드레퓌스는 처음부터 끝까지 온

갖 위험을 무릅쓰고 동생을 구출하고자 필사의 노력을 했다.

44) 1900년 12월 27일 의회가 드레퓌스 사건과 관련한 재판에서 유죄를 선고받은 사람들을 모두 사면하는 일반 사면을 의결했다. 물론 여기에는 졸라의 사면도 포함되어 있었다.

45) 이 문서는 1896년 11월 1일 참모 본부 정보국의 앙리Hubert Henry 중령이 드레퓌스를 곤경에 몰아넣기 위해 프랑스 주재 이탈리아 대사관 무관 파니차르디가 독일 대사관 무관 슈바르츠코펜에게 보내는 형식으로 꾸민 편지로서 통칭 '앙리의 허위 문서le faux Henry'로 불린다. 이 문서는 국방부 장관 카베냐크Godefroy Cavaignac의 명령으로 1898년 8월 13일 드레퓌스 재판 증거 자료를 조사하던 퀴녜Louis Cuignet 대위에 의해 허위임이 밝혀졌다.

46) 랑Arthur Ranc은 1871년 파리 코뮌에 가담했다는 이유로 사형 선고를 받기도 했던 인물로서 드레퓌스 사건 초기부터 드레퓌스를 옹호했으며, 후일 국회의원으로 당선되었다.

47) 조레스Jean Jaurès는 유명한 사회주의 정객으로서 처음에는 드레퓌스의 유죄를 믿었으나 이내 곧 무죄를 확신하고서 지속적으로 드레퓌스 편에 섰던 인물이다.

48) 레나크Joseph Reinach는 조레스와 더불어 드레퓌스 편에 섰다는 이유로 1898년 의회 선거에서 낙선한 의원으로 유명하다.

49) 플로베르Gustave Flaubert가 《마담 보바리*Madame Bovary*》(1857)에서 매우 희화적으로 그린 인물로서 교회를 비판하는 과학만능주의자이다.

50) 발로 보프레Clément Ballot-Beaupré는 드레퓌스 사건 재심 심의를 담당한 프랑스 최고 법원 파기원의 형사 법정 재판장으로서 1899년 6월 3일 사건의 원심 판결(1894)을 파기했고, 그에 따라 사건을 1899년 8월 7일 개정될 렌 군사 법정으로 이송하도록 명령했다.

51) 안Anne 언니는 샤를 페로의 동화 《푸른 수염*La Barbe bleue*》에 나오

는 등장인물이다. '푸른 수염'은 자신과 결혼한 젊은 아내를 모두 살해한 귀족으로서 안의 여동생과 결혼한다. 그런데 '푸른 수염'의 집에 있던 안은 살해당할 위기에 처한 여동생이 그날 오기로 한 오빠들이 오는지 봐달라고 하자, 성탑 위로 올라가서 초조하게 지평선을 바라본다. 《푸른 수염》의 이 장면에서 동생이 언니에게 던지는 절박한 물음, 즉 "Anne, ma sœur Anne, ne vois-tu rien venir? 언니, 안 언니, 아직 아무것도 안 보여?" 라는 문장은 구원의 손길을 간절하게 기다릴 때 곧잘 인용된다.

52) 사르트르Jean Paul Sartre, 카뮈Albert Camus, 말로André Malraux 등의 사회적 위상을 떠올려 보라.

53) 졸라는 원래 프랑스인이 아니었다는 사실 때문에 드레퓌스 사건이 터졌을 때 보수 반동 세력의 맹공의 대상이 되었다.

54) 《목로주점 L'Assommoir》, 《제르미날 Germinal》, 《인간 짐승 La Bête humaine》, 《나나 Nana》 등 졸라의 대표작들이 모두 마카르 계열의 소설이라는 것은 '예술이란 무엇인가'의 문제와 관련해 시사하는 바가 크다. 예술이란 정녕 낮의 질서보다는 밤의 일탈에 더 가까운 것일까?

55) 오늘날의 연구자들이 보기에 《루공마카르》 총서가 놓치고 있는 대표적인 분야는 언론이다. 졸라도 그 점을 인식하고 있었던 것일까? 그는 일련의 드레퓌스 사건 관련 글을 통해 언론의 실상을 쉼 없이 폭로했다.

56) Roland Barthes · Maurice Nadeau, *Sur la littérature*(Paris : Presses universitaires de Grenoble, 1980), 37쪽.

57) 내셔널리즘은 '민족주의', '국민주의', '국가주의' 등으로 번역될 수 있다. 이 책에서 사용한 내셔널리즘이란 용어는 그 모든 의미를 포괄하고 있기 때문에 어쩔 수 없이 발음대로 표기했음을 밝혀둔다.

58) '관용'을 뜻하는 '톨레랑스tolérance'는 계몽철학의 영향으로 자유민주주의 사상이 풍미한 18세기 이후 프랑스 사회의 '공존의 원리'로 자리 잡았다. 그것의 본질은 나와 다른 신념, 다른 원칙을 가진 타인이 자신의

신념을 자유롭게 표현하고 자신의 원칙에 따라 삶을 영위할 수 있게 허용하는 데 있다.

59) 이 같은 배경은 드레퓌스 사건 초기에 왜 조레스를 비롯한 좌파 운동가들이 드레퓌스 사건에 뛰어들기를 주저했는지 설명해준다. 일부 부유한 유태인들은 왕당파 지지에서 한 걸음 더 나아가 동화同化의 제스처로서 자식들을 군대에 보내는 일도 서슴지 않았는데, 가톨릭교회의 강력한 영향하에 있던 군부가 이를 달갑게 여기지 않았음은 말할 필요조차 없다. 여기서는 다만 1892년에 창간된 반유태주의 신문 〈라 리브르 파롤La Libre Parole〉의 첫 연재 기획물의 제목이 〈군대의 유태인들Les Juifs dans l'armée〉이었다는 사실만 짚어두자.

60) 뒤 파티 드 클람 소령, 메르시에 장군, 상데르 대령 등이 공모해 허위로 작성한 '비밀 자료'는 드레퓌스의 반역죄를 입증하는 악의적 문서들로 이루어져 있다. 이 비밀 자료는 피고 측에 통고되지 않은 채 제출된 불법 자료였다. 참고로 프랑스 공법에 따르면 피고에게 공개되지 않은 일체의 자료는 불법 자료로 간주된다.

61) 기아나는 남아메리카 북동부 대서양 연안에 있는 나라로서 영국, 네덜란드, 프랑스 식민지였다. 그런데 반드레퓌스파는 왜 하필이면 '악마도'라는 이름의 섬을 유배지로 택했을까? 결국 그 이름이 부메랑처럼 자기 자신들에게 되돌아올 줄 몰랐을까?

62) 아르망 이스라엘, 《다시 읽는 드레퓌스 사건》, 이은진 옮김(자인, 2002), 291쪽에서 재인용.

63) 사면의 이유는 드레퓌스의 건강 문제였다.

64) 파리의 라틴 구에 있는 팡테옹Panthéon은 1885년 프랑스의 대문호 위고Victor Hugo의 장례식 이후 위인들의 유해를 안치하는 기념물로 사용되고 있다.

65) 〈나는 고발한다!〉에서 졸라가 고발한 사람들의 범죄적 행위가 후

일 모두 사실로 드러났다는 것은 졸라의 정보 수집력과 판단력이 얼마나 탁월했는지를 입증한다.

66) 졸라는 의회로부터만 기소당한 것이 아니다. 〈나는 고발한다!〉에서 졸라에 의해 '고발'당한 세 명의 필적 전문가는 졸라를 명예 훼손 죄로 고소했는데, 이 재판에서도 졸라는 유죄를 선고받았다. 그리고 이 무렵 반드레퓌스파 에르네스트 쥐데가 졸라의 아버지의 과거 행적을 비난하는 글을 신문에 기고하자 졸라는 그를 명예 훼손 죄로 고소했다. 말하자면 당시 졸라는 이 재판 저 재판으로 그야말로 심신이 지칠 대로 지친 상태였다.

67) 니콜라스 할라즈, 《드레퓌스 사건과 지식인》, 황의방 옮김(한길사, 1982), 36쪽을 볼 것. (이 책은 1998년 내용과 상당히 거리가 있는 '나는 고발한다 : 드레퓌스 사건과 에밀 졸라'라는 제목으로 재간되었다.)

68) 에스테라지는 런던에서 무위도식의 의미 없는 생활을 하다가 1923년 사망했다.

69) 드레퓌스 사건은 독일-오스트리아-이탈리아 동맹에 맞서기 위해 프랑스-러시아 동맹을 맺은 시점에 발발했다. 다시 말해 당시는 전쟁의 위험이 상존하던 시기였기 때문에 당연히 군대에 대한 국민의 의존도가 높을 수밖에 없었다.

70) 오스트리아 일간지의 파리 특파원이었던 유태인 헤르츨Theo-dor Herzl은 드레퓌스 사건 취재 도중 반유태주의 광풍에 큰 충격을 받았고, 그 결과 《유태인 국가L'Etat juif》라는 책을 통해 유태인이 평화롭게 살 수 있는 나라를 건국할 것을 제안했다. 오늘날 그는 이스라엘에서 유태인 국가의 시조로 추앙받고 있다.

71) 파시즘의 망령은 오늘날에도 완전히 사라진 것이 아니다. 유럽에서도, 미국에서도, 중동과 아시아에서도 파시즘의 심리 상태와 정치 경향은 언제나 잠재태로 살아 있다. 당장이라도 국민 다수의 지지를 받는다

면, 그것은 가공할 괴물이 되어 세계를 초토화할 것이다.

72) 사르트르가 핵무기 개발에 열정을 쏟는 사람을 학자라고 부를지언정 지식인이라고 부르지 않았던 것은 바로 이런 맥락에서이다.

73) Louis Bodin, "L'affaire Dreyfus et la notion d'intellectuel", *Les Intellectuels face à l'affaire Dreyfus alors et aujourd'hui*(Paris : L'Harmattan, 1998), 320쪽.

74) 아르망 이스라엘,《다시 읽는 드레퓌스 사건》, 441쪽에서 재인용.

75) Jean Paul Sartre, *Les Mains sales*(Paris : Gallimard, 1948), 222쪽.

76) 그럼에도 불구하고 졸라는 드레퓌스를 위해 쓴 글에 대해서는 어떠한 대가도 받지 않겠다는 다짐을 끝까지 지켰다.

77) Colette Becker · Gina Gourdin-Servenière · Véronique Lavielle, *Dictionnaire d'Emile Zola*(Paris : Robert Laffont, 1993), 21쪽.

더 읽어야 할 자료들

니콜라스 할라즈, 《나는 고발한다 : 드레퓌스 사건과 에밀 졸라》, 황의방 옮김 (한길사, 1998)
이 책은 원래 1982년 '드레퓌스 사건과 지식인'이라는 제목으로 출판되었다가 1998년 '나는 고발한다 : 드레퓌스 사건과 에밀 졸라'로 제목이 바뀌어 재간되었다. 그러나 두 제목 모두 원제 《드레퓌스 대위 : 군중 히스테리의 이야기 Captain Dreyfus : the story of mass hysteria》와는 다소 거리가 있다. 어쨌든 이 책의 의미는 우리나라에 소개된 최초의 드레퓌스 사건 연구서라는 데 있다. 그리고 이 책은 아르망 이스라엘Armand Israël의 《다시 읽는 드레퓌스 사건》과 마찬가지로 매우 쉽고 재미있게 기술되어 있다. 특히 주요 사건이나 개념이 등장할 때, 그 역사적 배경과 의의를 빠뜨리지 않고 설명하고 있는 것은 이 책의 큰 장점이다. 그러나 우리말 제목에서 예상되는 것과 달리, 에밀 졸라의 〈나는 고발한다!〉 혹은 에밀 졸라와 드레퓌스 사건의 관계에 초점을 맞추고 있는 게 아니므로 오해 없기 바란다.

아르망 이스라엘, 《다시 읽는 드레퓌스 사건》, 이은진 옮김(자인, 2002)
현재 국내 학자가 쓴 드레퓌스 사건 연구서는 전무하며, 번역서 역시 단 두 권에 불과한 실정이다. 이런 면에서 《다시 읽는 드레퓌스 사건》은 국내에서 구해볼 수 있는 드레퓌스 사건 관련 자료 가운데 단연 돋보인다. 아르망 이스라엘은 역사학자가 아니라 국제적 명성을 가진 미술품 감정가이다. 말하자면 역사학 아마추어의 저술임에도 불구하고, 2000년 이 책이 출판되자 학계는 비상한 시선으로 주목했다. 왜냐하면 십대 때부터 드레퓌스 사건에 관심을 보인 저자가 각종 문헌에 대한 오랜 탐구를 통해 드레퓌스 사건의 숨은 진실을 찾아냈기 때문이다. 예를 들면 참모본부 정보국의 앙리 대령의 암살설에 대한 구체적 증거, 정부와 드레퓌스 가문 사이의 비밀 협상 등이 저자가 새롭게 밝혀낸 사건의 진실이다. 더욱이 드레퓌스 사건이 지금까지 알려진 대로 단순한 사법적 오판 사건이 아니라 프랑스군 참모 본부가 처음부터 끝까지 기획한 첩보전의 일부라는 의견은 신선하다 못해 혁명적이기까지 하다. 그런데 이 책의 미덕은 이런 새로운 시각의 제시뿐만 아니라 어렵지 않은 글쓰기 방식에 있다. 이 책은 지식인이 아니라 보통 사람들을 겨냥해서 씌어졌다. 이야기 형식으로 기술되어 있는 까닭에 여느 연구서보다 더 흥미진진하게, 마치 한 편의 드라마처럼 수월하게 읽힌다. 발단부터 결말까지 사진을 곁들여 소소한 에피소드까지 놓치지 않고 있는 이 책은 드레퓌스 사건의 흐름을 한눈에 파악하고 싶은 독자에게는 필독서라고 할 수 있다.

앙드레 모루아, 《프랑스사》, 신용석 옮김(기린원, 1991)
앙드레 모루아André Maurois는 프랑스의 저명한 역사가이자, 소설가이자, 에세이스트였다. 1937년 《영국사》, 1943년 《미국사》, 1947년 《프랑스사》를 잇따라 발표하며 역사학계의 주목을 받았다. 그의 《프랑스사》는 특히 사람 중심의 역사 기술과 현란한 문학적 필치로 많은 독자를 확보함으로써 역사의 대중화에 기여한 바 있다. 분량은 상당히 많지만, 완독은 그리 어렵지 않을 것이다. 왜냐하면 페이지마다 기억해둘 만한 명구名句가 가득하기 때문이다. 이 책을 읽다보면 자연스럽게 드레퓌스 사건이 전체 프랑스 역사에서 차지하는 좌표가 어디쯤인지 알게 될 것이다.

유기환, 《에밀 졸라》(건국대학교출판부, 1996)

외국 문학의 우리말 번역의 경우 에밀 졸라만큼 그 문학적 성과나 명성에 비해 소개와 연구가 미미한 작가도 드물 것이다. 이 책은 어두운 현실의 화가이면서 동시에 밝은 미래의 예언자, 과학의 신봉자이면서 동시에 타고난 몽상가, 출세 지향적 야심가이면서 동시에 시대의 양심이었던 작가 졸라에 대한 뚜렷한 개관을 목표로 하고 있다. 드레퓌스 사건에서 졸라가 한 역할은 말 그대로 결정적인 것이었다. 이 책은 에밀 졸라가 누구인가, 그의 저술 세계가 어떤 것인가를 가볍게 일별하려는 독자에게 알맞다. 졸라의 저술 세계를 시작부터 끝까지 순차적으로 짚어나가면서 사전적 개관을 붙인 것이 이 책의 장점이다.

정명환, 《졸라와 자연주의》(민음사, 1982)

에밀 졸라에 대한 연구서가 전무할 때 가뭄 속 단비처럼 나온 이 책은 저자의 땀과 명성 덕분에 오늘날까지도 국내의 졸라 연구자들에게 필독서처럼 읽히고 있다. 이 책의 미덕은 제목 그대로 졸라의 자연주의를 집중적으로 탐구할 뿐만 아니라 졸라의 전 작품을 꼼꼼하게 분석하고 있다는 데 있다. 이를테면 독자는 책을 완독하는 사이에 자연스럽게 과학과 시, 개인과 사회, 현실과 유토피아 사이에서 방황한 작가 졸라의 고뇌를 공유하게 된다. 만일 에밀 졸라에 대한 좀더 전문적인 지식을 필요로 한다면, 이 책을 독서 목록에서 빠뜨려서는 안 될 것이다.

Alain Pagès, *Emile Zola, un intellectuel dans l'affaire Dreyfus*(Paris : Librairie Séguier, 1991)

렝스 대학 교수인 알랭 파제스는 졸라와 자연주의 연구 잡지인 《자연주의 노트*Les Cahiers Naturalistes*》의 편집장으로서 졸라 연구에 관한 한 세계적 명성을 자랑한다. 이 책은 드레퓌스 사건에서 작가 졸라가 아니라 지식인 졸라가 한 역할에 초점을 맞추고 있다. 〈나는 고발한다!〉의 발표는 자유와 민주주의의 수호를 위한 지식인 참여의 전형을 보여주었다. 그 이전에도 지식인이란 단어가 없었던 것은 아니지만, 그것이 현대적 의미, 즉 지적 활동과 사회 참여를 결합시키는 사람이라는 뜻을 지니게 된 것은 바로 드레퓌스 사건을 계기로 해서이다. 요컨대 드레퓌스 사건에서 최고의 화두는 '유태인'과 함께 '지식인'이다. 이 책은 졸라를 필두로 한 당대 드레퓌스파 지식인들의 행동과 태도, 논리와 담론을 분석하고 있다. 지식인의 진정한 사회 참여가 무엇인지 알고 싶은 독자에게 추천할 만한 책으로 여겨진다.

Jean Bedel, Zola assassin (Paris : Flammarion, 2002)
졸라 사망 백주년에 나온 이 책은 졸라의 암살설과 관련하여 분명한 의견을 제시하고 있어 특별한 주목을 요한다. 1953년 신문기자로서 장 브델은 1902년 벽난로 가스 중독으로 죽은 에밀 졸라의 사망에 대해 새롭게 의문을 제기한 바 있다. 그로부터 반세기가 지난 2002년 그는 자신의 재조사에 근거해 반세기 전의 기사보다 더 단호한 결론을 내리는 책을 출간한다. 이 책에 따르면, 졸라는 암살당했다. 1953년의 기사에서 브델은 한 기와공이 졸라가 귀가하기 전 벽난로 굴뚝을 고의적으로 막았고, 이 기와공이 이십육 년 후 브델의 정보 제공자에게 그 사실을 털어놓았다고 전했다. 그 기사에서 익명으로 등장한 정보 제공자와 기와공은 2002년 이 책에서 그 이름이 밝혀진다. 전자는 아캥Pierre Hacquin이고, 후자는 뷔롱포스Henri Buronfosse이다. 어쨌든 죽은 지 백 년이 지났음에도 불구하고, 브델의 노력으로 졸라의 암살설은 큰 설득력을 얻고 있다. 흔히 간과하기 쉬운 작은 진실의 발견으로 전체 역사의 의미를 재정립하는 참된 자세를 배우고자 하는 연구자에게 이 책의 독서는 매우 유익할 것이다.

Les Intellectuels face l'affaire Dreyfus alors et aujourd'hui, Ouvrage Collectif(Paris : L'Harmattan, 1998)

드레퓌스 사건 발발 백주년인 1994년에 이어, 1998년에 다시 한 번 드레퓌스 사건 연구서가 서점에서 가장 좋은 자리를 차지했다. 왜냐하면 이 해가 바로 에밀 졸라의 〈나는 고발한다!〉 발표 백주년이 되는 해였기 때문이다. 〈나는 고발한다!〉 발표 백주년 기념 세미나의 산물인 이 책은 전 세계의 드레퓌스 사건 연구자들의 논문을 집대성해 놓고 있다. 연구자들은 이제 드레퓌스 사건 자체에 대해서는 더 이상 할 말이 없을 정도로 모든 것이 탐구되었다고 입을 모은다. 그럼에도 불구하고 유일하게 탐구되지 않은 분야가 있다면, 그것은 바로 드레퓌스 사건의 국제적 수용의 문제일 것이다. 이 책은 영국, 미국, 독일, 러시아, 폴란드, 벨기에, 캐나다, 아랍 연구자들의 견해를 프랑스 연구자들의 전통적 견해와 비교하고 있다. 특히 이 책은 이스라엘 연구자들의 시선까지 담아내고 있다는 점에서 독보적이다. 드레퓌스 사건에 대한 프랑스 외의 의견, 문자 그대로 국제적 의견을 알고 싶다면, 이 책의 독서는 필요불가결하다.

Pierre Birnbaum, *L'Affaire Dreyfus*(Paris : Gallimard, 1994)

1994년 프랑스에서 드레퓌스 사건 연구서가 다수 쏟아져 나왔는데, 왜냐하면 이 해가 바로 드레퓌스 사건 발발 백주년이 되는 해였기 때문이다. 그 연구서들 가운데 하나인 이 책은 갈리마르 출판사의 유명한 '디스커버리 총서'에 속해 있다. 파리1대학 교수인 저자 비른바움Pierre Birnbaum은 드레퓌스 사건 전문가라고 할 수 있다. 여느 연구서와 마찬가지로 드레퓌스 사건을 총람하는 이 책의 장점은 전체 네 장章 가운데

한 장을 반유태주의 논의에 할애하고 있다는 것이다. 사실 드레퓌스 사건에서 가장 중요한 것이 지식인 문제와 유태인 문제이지만, 후자에 초점을 맞춘 연구서는 그리 많지 않다. 드레퓌스 사건과 유태인 문제를 천착하고 싶은 독자는 이 책을 읽을 일이다. 게다가 이 책은 수많은 도판을 제공하고 있기에, 이해하기가 그리 어렵지 않고 읽기가 그리 지루하지 않다.

옮긴이에 대하여

유기환 libertas@hufs.ac.kr

1959년 태어난 그는 대학에 진학할 때까지 진주의 푸른 남강을 떠나본 적이 거의 없다. 강둑길, 발간 노을, 하얀 물보라, 봄날 아지랑이, 저 멀리 가물거리던 아버지의 자전거……. 그가 시쳇말로 '돈 안 되는' 문학의 길에서 쉽사리 눈을 떼지 못한 데는 아마 이런 유년기의 추억이 있을 것이다.

강 따라 걷기를 좋아하던 그가 강 건너 서울로 온 것은 1977년 겨울이다. 애초에 원하던 대학에 들어가지 못하고 당시 후기이던 한국외국어대학 불어과에 입학했다. 외무고시 이차시험을 준비하고 있던 1979년 아름다운 가을 어느 날, 돌연 박정희가 죽었다. 무엇 때문이었을까? 그때부터 미친 듯 열심히 '가투街鬪'에 참여했다. 말하자면 한 십 년 열심히 세상 공부를 했다.

세상 공부가 끝났다고 자부하던 순간 닥친 1990년대, 즉 소련을 비롯한 동구권의 대궤멸은 그에게 또 다른 방황을 안겼다. 최종적으로 그가 택한 것은 프랑스 유학이었다. 파리8대학에서 지도교수 자크 네프와 학우 다미엥 자논을 만난 것은 더없는 행운이었다. 네프 교수는 문학의 경우 테제 이상으로 중요한 것이 미학이라는 것을 가르쳐 주었고, 다미엥은 수사학이 다만 장식기술이 아니라는 것을 일깨워 주었다. 유학 생활은 한마디로 글 읽기와 글쓰기의 괴로움과 즐거움을 재인식하는 시간이었다.

유학 생활을 마치고 돌아와 가장 공들인 분야는 글쓰기이다. 《노동소설, 혁명의 요람인가 예술의 무덤인가》, 《알베르 카뮈》, 《조르주 바타이유》, 《프랑스 지식인들과 한국전쟁》(공저) 등을 썼고, 바르트의 《문학은 어디로 가고 있는가》, 카뮈의 《이방인》, 바타이유의 《에로스의 눈물》, 에밀 졸라의 《목로주점》, 《돈》, 외젠 다비의 《북 호텔》, 그레마스/퐁타뉴의 《정념의 기호학》(공역) 등을 번역했다. 그 외 '책을 읽는 하층민' 쥘리엥 소렐의 독서 연구 - 《적과 흑》을 비롯하여 불문학 관련 논문 30여 편을 썼고, 지금은 한국외국어대학교 프랑스어과 교수로 일하며 여전히 글쓰기에 대해 고민하고 있다.

나는 고발한다

초판 1쇄 펴낸날 │ 2005년 5월 10일
개정 1판 1쇄 펴낸날 │ 2020년 1월 15일
개정 1판 4쇄 펴낸날 │ 2025년 10월 15일

지은이 │ 에밀 졸라
옮긴이 │ 유기환
펴낸이 │ 김준성
펴낸곳 │ 책세상

서울시 마포구 월드컵로23길 38, 2층 (04011)
전화 │ 02-704-1251 (영업부)   02-3273-1333 (편집부)
팩스 │ 02-719-1258
이메일 │ bkworld11@gmail.com
광고제휴 문의 │ bkworldpub@naver.com

홈페이지 │ chaeksesang.com   페이스북 │ /chaeksesang
트위터 │ @chaeksesang   인스타그램 │ @chaeksesang   네이버포스트 │ bkworldpub

등록 1975. 5. 21 제1-517호

ISBN 979-11-5931-398-1 04160
     979-11-5931-221-2 (세트)

책값은 뒤표지에 있습니다.
잘못되거나 파손된 책은 구입하신 서점에서 교환해드립니다.

* 이 도서의 국립중앙도서관 출판시도서목록(CIP)은 서지정보유통지원시스템 홈페이지
(http://seoji.nl.go.kr)와 국가자료공동목록시스템(http://www.nl.go.kr/kolisnet)에서
이용하실 수 있습니다.(CIP제어번호 : CIP2019044122)

책세상문고·고전의 세계

- **민족이란 무엇인가** 에르네스트 르낭 | 신행선
- **학자의 사명에 관한 몇 차례의 강의** 요한 G 피히테 | 서정혁
- **인간 정신의 진보에 관한 역사적 개요** 마르퀴 드 콩도르세 | 장세룡
- **순수이성 비판 서문** 이마누엘 칸트 | 김석수
- **사회 개혁이냐 혁명이냐** 로자 룩셈부르크 | 김경미·송병헌
- **조국이 위험에 처하다 외** 앙리 브리사크·장 알망 외 | 서이자
- **혁명 시대의 역사 서문 외** 야콥 부르크하르트 | 최성철
- **논리학 서론·철학백과 서론** G W.F. 헤겔 | 김소영
- **피렌체 찬가** 레오나르도 브루니 | 임병철
- **인문학의 구조 내에서 상징형식 개념 외** 에른스트 카시러 | 오향미
- **인류의 역사철학에 대한 이념** J. G 헤르더 | 강성호
- **조형예술과 자연의 관계** F. W.J. 셸링 | 심철민
- **사회주의란 무엇인가 외** 에두아르트 베른슈타인 | 송병헌
- **행정의 공개성과 정치 지도자 선출 외** 막스 베버 | 이남석
- **전 세계적 자본주의인가 지역적 계획경제인가 외** 칼 폴라니 | 홍기빈
- **순자** 순황 | 장현근
- **언어 기원에 관한 시론** 장자크 루소 | 주경복·고봉만
- **신학-정치론** 베네딕투스 데 스피노자 | 김호경
- **성무애락론** 혜강 | 한흥섭
- **맹자** 맹가 | 안외순
- **공산당선언** 카를 마르크스·프리드리히 엥겔스 | 이진우
- **도덕 형이상학을 위한 기초 놓기** 이마누엘 칸트 | 이원봉
- **정몽** 장재 | 장윤수
- **체험·표현·이해** 빌헬름 딜타이 | 이한우
- **경험으로서의 예술** 존 듀이 | 이재언
- **인설** 주희 | 임헌규
- **인간 불평등 기원론** 장자크 루소 | 주경복·고봉만
- **기적에 관하여** 데이비드 흄 | 이태하
- **논어** 공자의 문도들 엮음 | 조광수
- **행성에 관한 철학적 논구** G W.F. 헤겔 | 박병기
- **성세위언—난세를 향한 고언** 정관잉 | 이화승

책세상문고·고전의 세계

- **문화과학과 자연과학** 하인리히 리케르트 | 이상엽
- **황제내경** 황제 | 이창일
- **과진론·치안책** 가의 | 허부문
- **도덕의 기초에 관하여** 아르투어 쇼펜하우어 | 김미영
- **남부 문제에 대한 몇 가지 주제들 외** 안토니오 그람시 | 김종법
- **나의 개인주의 외** 나쓰메 소세키 | 김정훈
- **교수취임 연설문** G.W.F. 헤겔 | 서정혁
- **음악적 아름다움에 대하여** 에두아르트 한슬리크 | 이미경
- **문사통의** 장학성 | 임형석
- **국가론** 장 보댕 | 임승휘
- **간접적인 언어와 침묵의 목소리** 모리스 메를로퐁티 | 김화자
- **나는 고발한다** 에밀 졸라 | 유기환
- **아름다움과 숭고함의 감정에 관한 고찰** 이마누엘 칸트 | 이재준
- **결정적 논고** 아베로에스 | 이재경
- **동호문답** 이이 | 안외순
- **판단력 비판** 이마누엘 칸트 | 김상현
- **노자** 노자 | 임헌규
- **제3신분이란 무엇인가** E. J. 시에예스 | 박인수
- **법학을 위한 투쟁** 헤르만 칸토로비츠 | 윤철홍
- **개인숭배와 그 결과들에 대하여** 니키타 세르게예비치 흐루시초프 | 박상철
- **법의 정신** 샤를 루이 드 스콩다 몽테스키외 | 고봉만
- **에티카** 베네딕투스 데 스피노자 | 조현진
- **실험소설 외** 에밀 졸라 | 유기환
- **권리를 위한 투쟁** 루돌프 폰 예링 | 윤철홍
- **사랑이 넘치는 신세계 외** 샤를 푸리에 | 변기찬
- **예기·악기** 작자 미상 | 한흥섭
- **파놉티콘** 제러미 벤담 | 신건수
- **가족, 사적 소유, 국가의 기원** 프리드리히 엥겔스 | 김경미
- **모나드론 외** G.W.라이프니츠 | 배선복